Salim
Alafenisch

Amira.
Prinzessin der Wüste

Zu diesem Buch

»Amira« bedeutet Prinzessin, und Amira ist schön wie eine Prinzessin. Vierzig junge Männer möchten sie heiraten. Das sind so viele, wie die Halskette ihrer Großmutter Perlen hat. Aber nicht alle Perlen sind gleich, man muss schon genau hinsehen, um die Edelsteine von den unechten zu unterscheiden, sagt ihre Großmutter. Und genau so verhält es sich auch mit den jungen Männern. Amira entdeckt bei beinahe jedem etwas, was ihr nicht gefällt. Als schließlich nur noch drei übrig bleiben, gibt ihr die Großmutter noch einen Rat: Kamele, Silber- und Goldmünzen sind nicht von Dauer. Wähle den, der dir die schönste Geschichte erzählt.

»Verpackt in einen mühelos wirkenden, freien Erzählstrom, sprechen Alafenischs Geschichten Herz und Humor an.« *Süddeutsche Zeitung*

»Alafenischs Geschichten sind glänzende Perlen in einer langen Kette ohne Anfang und Ende.« *Mittelbayrische Zeitung*

Der Autor

Salim Alafenisch wurde 1948 als Sohn eines Beduinenscheichs in der Negev-Wüste geboren. Als Kind hütete er die Kamelherde seines Vaters, mit vierzehn Jahren lernte er lesen und schreiben. Nach einem einjährigen Aufenthalt am Princeton College in London studierte er Ethnologie, Soziologie und Psychologie in Heidelberg, wo er seit 1973 lebt.

Im Unionsverlag sind außerdem lieferbar: *Die Feuerprobe; Die acht Frauen des Großvaters; Das Kamel mit dem Nasenring; Der Weihrauchhändler* und *Das versteinerte Zelt.*

Salim Alafenisch

Amira.
Prinzessin der Wüste

Unionsverlag
Zürich

Die Originalausgabe erschien 1994
im Ravensburger Buchverlag, Ravensburg.

Im Internet
Aktuelle Informationen,
Dokumente, Materialien
www.unionsverlag.com

Unionsverlag Taschenbuch 496

Rieterstrasse 18, CH-8027 Zürich
Telefon 0041-44-283 20 00, Fax 0041-44-283 20 01
mail@unionsverlag.ch

Reihengestaltung: Heinz Unternährer
Umschlaggestaltung: Peter Löffelholz, Zürich
Umschlagfoto: Andrey Kudinov
Druck und Bindung: CPI – Clausen & Bosse, Leck
ISBN 978-3-293-20496-6

Inhalt

Meiner Tochter Sarah Raiqa gewidmet

Vorgeschichte

Vor langer Zeit lebten Omar und Fatima. Sie waren Vetter und Kusine und gehörten zum Stamm der Banu-Asad, dem Stamm des Löwen. Ihr Stammesgebiet lag im großen und breiten Arabien.

Omar und Fatima kannten einander von Kindesbeinen an. Beide wurden im selben Frühling geboren. Omar kam zur Welt, als die ersten Frühlingskräuter sprossen, und Fatima wurde am Ende der Weidezeit geboren, als die Weidepflanzen schon hochgeschossen und die Samen fast reif waren. Beide wuchsen im selben Zeltlager auf. Als kleine Kinder spielten sie miteinander neben den schwarzen Zelten des Stammes. Da Omars Vater und Fatimas Vater Brüder waren, hatten sie ihre Zelte nebeneinander aufgeschlagen. So lebten die Familien beisammen, und die Herden lagerten vor den Zelten. Mal hielt der eine Bruder Nachtwache, mal der andere, um die Tiere vor Wölfen und Dieben zu schützen.

Als Omar und Fatima in ihrem siebten Frühling waren, wurden sie mit der Aufgabe betraut, die Zicklein unweit des Zeltlagers zur Weide zu führen. Drei

Frühlinge lang weideten sie ihre kleinen Herden. Die Zicklein wuchsen von Tag zu Tag, und auch Omar und Fatima wurden größer. Bald reichten ihnen ihre Gewänder nur noch bis zu den Knien, und ihre Zehen ragten aus den Sandalen.

Eines Morgens, als Omar seine kleine Herde um sich sammelte, sprach ihn der Vater an: »Omar, mein Sohn. Du brauchst jetzt breite Sandalen und ein langes Gewand. Ab heute wirst du die Ziegen zur Weide führen.«

»Und wer kümmert sich um die Zicklein?«, fragte Omar.

»Deine jüngere Schwester löst dich ab«, lächelte der Vater und strich mit einer Hand über den Haarzopf des Jungen.

Doch Omar schien von der Idee nicht begeistert. Der Vater spürte sein Zögern. »Omar, was bedrückt dich?«

Der Sohn schwieg und wandte seinen Blick zu den Zicklein, die ungeduldig vor den Zelten hin und her sprangen.

Während der Vater ins Scheichzelt ging und sich zu den Männern gesellte, um gewürzten Kaffee zu trinken, schossen zahllose Gedanken durch Omars Kopf. Er dachte an seine Kusine Fatima: Es macht wenig Spaß, die Ziegen allein zu weiden, während Fatima neben den Zelten die Zicklein hütet.

Unwillig führte der junge Hirte die große Herde zur Weide. Sehnsüchtig blickte er von ferne auf das Zeltlager, das ihm wie eine rastende Ziegenherde erschien.

Ungeduldig erwartete er den Abend. Als die glutrote Sonne sich dem Horizont zuneigte, trieb er seine Herde zur Eile an.

Im Zeltlager herrschte buntes Treiben. Die Zicklein sprangen hin und her vor Freude, als sie die Ziegen mit den prallen Eutern sahen. Jedes Zicklein hängte sich an seine Mutter und sog gierig die Milch. Zwillinge balgten sich um die Euter, bis jedes eine Zitze gefunden hatte. Der Duft von frisch gebackenem Fladenbrot erfüllte das Zeltlager.

Allmählich wurde es ruhiger in den Zelten. Die Zicklein lagen eng an ihre Mütter geschmiegt, nur ab und an vernahm man ein verhaltenes Meckern.

Omar stand versunken vor dem Zelt und betrachtete die funkelnden Sterne. Seine Mutter rollte einen bunt gewobenen Teppich vor dem Zelt aus, und die Familie scharte sich um die Schüsseln und Schalen. Als die Mutter Omar die Suppe und ein Fladenbrot anbot, schob dieser das Essen zurück.

»Mein Augenschein«, sagte sie. »Willst du die leckere Weizensuppe nicht essen?«

»Ich habe keinen Hunger«, gab Omar zur Antwort.

»Du hast dir doch gestern diese Suppe gewünscht«, schaltete sich der Vater ein.

Der Junge schwieg.

Die Mutter wandte sich ihrem Mann zu. »Hast du Streit mit Omar?«

»Ich habe ihn heute mit der großen Ziegenherde zur

Weide geschickt, doch anscheinend behagt ihm das nicht«, erwiderte der Vater.

»Mein Sohn, du bist doch kein Kind mehr«, sagte die Mutter. »Deine kleine Schwester kann sich um die Zicklein kümmern.«

Der Vater und die Mutter schauten sich an und beendeten das Gespräch über das Thema.

Omar erhob sich und legte sich auf das Schlaflager. »Ich gehe in das Scheichzelt. Der Stamm erwartet heute Gäste«, bemerkte der Vater und machte sich auf den Weg.

Nachdem die Mutter dem Ziegenbock sein Futter gegeben hatte, schüttete sie Asche über die Glut. Dann legte sie sich zu ihren Kindern auf das Schlaflager. Diese erwarteten die Mutter voll Ungeduld, denn sie wollten die Geschichte von dem Brautkamel zu Ende hören. Die Erzählerin hatte schon seit Tagen ihre jungen Zuhörer auf den Ausgang der Geschichte neugierig gemacht. Sie löste ihren Kleidergürtel und streckte sich auf der Matratze aus. Neben ihr lagen die Kinder in einer Reihe. Die Mutter zählte die Köpfe unter den Wolldecken. Es waren sieben. Nur Omars Kopf lag verkehrt herum.

»Omar, willst du unsere Füße riechen?«, scherzte sie. »So kannst du mich schlecht hören.«

Der Junge blieb still. Es dauerte eine Weile, bis er nachgab und sich umdrehte, doch ließ er seinen Kopf gleich unter der Decke verschwinden.

Die Mutter war eine begabte Erzählerin. Sie entstammte einer Sippe, in der es eine Reihe von hervorragenden Erzählern gab. Selbst Omar ließ sich von der Stimme der Mutter beruhigen und schlummerte ein.

Die Mutter betrachtete die Reihe der Schlafenden. »Alle sind zugedeckt. Allah möge uns eine friedliche und glückliche Nacht bescheren«, murmelte sie und gähnte. Sie schob das Kopfkissen unter ihren Kopf, und bald hatte auch sie der Schlaf überwältigt. Alle schliefen so tief, dass keiner den Vater bemerkte, als er spät in der Nacht aus dem Scheichzelt eintraf und sich neben seiner Frau niederließ. Er lauschte den regelmäßigen Atemzügen der Schlafenden.

Als die ersten Lichtstrahlen und das Meckern der Zicklein die Familie am nächsten Morgen weckten, sagte der Vater schalkhaft: »Ihr alle habt ruhig und tief geschlafen. Ein Dieb hätte euch in der Nacht unbemerkt auf dem Kamelrücken davontragen können.«

»Ich habe den Kindern eine Gutenachtgeschichte erzählt«, antwortete die Frau.

»Ich weiß, deine Geschichten haben magische Kräfte«, lachte der Mann und griff nach dem Wassersack, um sein Gesicht zu waschen.

An diesem Morgen wirkte Omar entspannter. Beim Frühstück griff er nach der Milchschale und verzehrte eine Handvoll Datteln. Während die Kinder frühstückten, molk die Mutter die Ziegen.

»Heute wird Omar wieder die Ziegenherde zur Weide führen«, kündigte der Vater an und fügte hinzu:

»Fatima wird ab heute auch die große Ziegenherde führen. Ihr kleiner Bruder löst sie mit den Zicklein ab. So könnt ihr euch zusammen die Langeweile vertreiben.«

Omar sprang bei diesen Worten vor Freude in die Luft und schwenkte seinen Stock. Die Eltern schauten sich viel sagend an und lächelten.

Von diesem Tag an verlagerten Omar und Fatima ihren Spielplatz vom Zeltlager auf die ferne Weide. Während die Tiere sich an den Gräsern und Kräutern gütlich taten, vertrieben sich Hirte und Hirtin die Zeit mit Sandspielen. Sand gab es in Hülle und Fülle, und es mangelte auch nicht an Spielfiguren: Kameläpfel, Ziegenperlen, Schneckenhäuser und Steine. Omar markierte mit seinem Finger im Sand die Spielfläche, während Fatima Spielfiguren sammelte. Und weil jeder beim Spielen einmal gewann und dann wieder verlor, gerieten sie nicht miteinander in Streit. Und für Langeweile war auch kein Platz.

Mit der Zeit wurden die Herden größer, denn bei der reichen Weide vermehrten sich die Tiere schnell. Auch Omar und Fatima schossen in die Höhe.

»Lass uns heute Puppen machen!«, schlug Omar eines Tages vor. »Diese Sandspiele langweilen mich allmählich.«

»Einverstanden«, erwiderte Fatima. »Ich habe Stoff, Faden und Nadel in meiner Tasche. Meine Mutter meint, ich solle das Sticken erlernen.«

»Willst du ein Hochzeitskleid sticken?«, scherzte Omar. Fatima senkte ihre Blicke.

Omar erhob sich, brach von einem Strauch zwei Zweige und entfernte mit seinem kleinen Messer die Blätter.

»Aus diesem Zweig machen wir eine Braut und aus dem anderen einen Bräutigam«, rief er.

Fatima betrachtete beide Zweige. Sie lachte.

»Was gibt es da zu lachen?«, wollte Omar wissen.

»Der Bräutigam ist kleiner als die Braut«, gab sie zur Antwort.

Omar errötete. »Dann tauschen wir die Zweige.«

»Nein«, widersprach Fatima. »Die Zweige sollen gleich groß sein, sonst haben die beiden Schwierigkeiten beim Küssen.«

Der junge Hirte schnitt einen weiteren Zweig ab.

Drei Tage lang arbeiteten Omar und Fatima, bis die Braut und der Bräutigam fertig waren. Sie legten die Puppen nebeneinander.

»Beide sind gleich groß«, sagte Omar zufrieden.

»Ich finde, die Braut ist schöner als der Bräutigam«, stichelte Fatima.

Omar betrachtete den Bräutigam lange. »Ich weiß, was ihm fehlt. Er hat noch keinen Schnurrbart.«

»Du hast recht«, bestätigte Fatima.

Omar schaute sich suchend nach dem Ziegenbock um. Als er nach dem Bart des Bocks greifen wollte, wehrte sich das Tier. Es schlug mit seinen Hufen aus und meckerte, so laut es konnte.

»Fatima, halt den Bock fest!«, rief Omar. Mit vereinten Kräften gelang es den beiden, dem Bock den Bart abzuschneiden. Fatima nähte ihn unter die Nase des Bräutigams.

»Der Schnurrbart des Bräutigams ist zu lang«, stellte Omar fest.

»Ja, das stimmt«, bekräftigte Fatima. »So erschrickt sich die Braut vor dem Bräutigam.«

Omar begann, mit dem Messer den Schnurrbart zu kürzen. Er begutachtete sein Werk. »Jetzt hat der Schnurrbart die richtige Länge. Er ist kürzer als ein Mäuseschwanz! Und nun legen wir Braut und Bräutigam nebeneinander.«

Fatima sammelte Palmwedel und bereitete das Hochzeitslager. Als Omar das Brautpaar mit seinem Kopftuch zudecken wollte, streifte seine Hand Fatimas Brust. Behutsam ließ er seine Hand nach unten gleiten und spürte eine kleine Erhebung.

»Was ist das?«, fragte Omar.

»Das ist eine Rosine«, erwiderte Fatima. Der Junge hielt die kleine Rosine zwischen Daumen und Zeigefinger fest.

»Das kitzelt!«, sagte das Mädchen. Es sprang hoch und versteckte sich hinter einer Palme. Omar folgte ihm. Doch Fatima war geschickter beim Rennen. Und als Omar über einen Stein stolperte, kletterte Fatima behände auf eine Palme. Während Omar sich noch bemühte, den Stamm zu erklimmen, saß Fatima bereits in der Krone, aß die süßen Datteln und ließ die Kerne auf Omars Kopf fallen.

Es dauerte eine Weile, bis Omar die Krone der Palme erklommen hatte. Er war außer Atem.

»Du brauchst mehr Kraft«, scherzte Fatima und fügte hinzu: »Ich habe gehört, dass du die leckere Weizensuppe nicht gegessen hast.«

»Woher weißt du das?«, fragte Omar und wischte sich die Schweißperlen von der Stirn.

»Es gibt keine Geheimnisse im Zeltlager«, erwiderte Fatima.

»Wer hat dir das erzählt?«, hakte der Junge nach.

»Die laue Abendbrise!« Das Mädchen lachte.

»Diese verdammte Palme!«, schimpfte Omar. Gierig stopfte er Datteln in sich hinein.

Nachdem sich beide satt gegessen hatten, betrachteten sie von der Krone der Palme aus die weidenden Herden. In der Ferne sahen sie eine Eselkarawane, die zum Brunnen zog. Ein leichter Wind kam auf und schaukelte die Krone.

»Mir wird schwindelig«, rief Fatima. »Ich bin nicht gewohnt, von einer Palme geschaukelt zu werden. Es ist anders als die Wiege im Zelt.«

Omar aber meinte: »Wenn die Palme uns weiter schaukelt, schlafe ich ein.« Der Wind wurde stärker und strich durch die Krone der Palme. »Halt dich fest!«, rief Omar. »Klammere dich an mich!«

Fatima schlug ihre Arme um Omars Hals, und er umschlang die Palme mit seinen Beinen, so fest er konnte. Mit einem Arm drückte Omar das Mädchen an sich.

»Nicht so fest!«, rief Fatima. »Ich bekomme keine Luft mehr!«

»Hier oben gibt es genug Luft«, scherzte der junge Hirte.

Als sich nach einer Weile der Wind gelegt hatte, löste sich Fatima aus Omars Armen, und sie setzten sich einander gegenüber. Der Junge strich über Fatimas Brust und entdeckte eine weitere Rosine.

»Auf der Krone der Palme kannst du mir nicht wegrennen«, triumphierte Omar und fragte sie: »Wie viele Rosinen hast du?«

»Zwei. Eine auf der rechten Seite und eine auf der linken«, erwiderte Fatima. »Hast du auch Früchte auf der Brust?«

»Meine Früchte sind kleiner als deine«, gab Omar zur Antwort.

»Zeig mir deine Früchte«, forderte das Mädchen.

Omar öffnete bereitwillig sein Gewand.

Fatima strich mit dem Mittelfinger über Omars Brust. »Du hast keine Rosinen, du hast Linsen!«, kommentierte sie. So vergnügten sich die beiden auf der Krone der Palme. Während Fatima Omars Linsen berührte, liebkoste Omar Fatimas Rosinen. Die beiden vergaßen alles um sich herum.

Erst als die Abendsonne die Palme in ein rötliches Licht tauchte, kamen sie zu sich.

»Die Sonne steht nicht mehr am Himmel«, rief Fatima erschrocken. »Wir müssen zurück ins Zeltlager.« Eilig kletterten sie den Stamm hinab. Sie schauten sich um, doch weit und breit waren keine Ziegen zu sehen. Omar und Fatima standen da wie angepflockt.

»Was machen wir jetzt?«, jammerte Fatima. »Was werden die Eltern sagen, wenn wir die Tiere nicht finden?« In Omars Kopf kreisten die Gedanken. Vielleicht haben Diebe die Herden gestohlen? Oder vielleicht sind sie Wölfen und Schakalen zum Opfer gefallen! »Fatima!«, rief er. »Du läufst in Richtung des Brunnens, vielleicht haben die Tiere Durst gehabt und sind bei der Wasserstelle. Und ich laufe zu den Getreidefeldern des benachbarten Stammes. Der verdammte Bock mag die Weizenähren! Wir treffen uns in der Schlucht vor unserem Zeltlager wieder.«

Während Omar wie ein Pfeil in Richtung der Getreidefelder losschoss, lief Fatima schnell wie eine Gazelle zum Brunnen.

Mittlerweile waren alle Herden in das Zeltlager zurückgekehrt, nur die Ziegen von Omar und Fatima waren weit und breit nicht zu sehen. Vergeblich wartete Omars Mutter mit der Schale in der Hand, um die Tiere zu melken. Die Zicklein meckerten und liefen ungeduldig hin und her, denn sie waren sehr hungrig.

»Wo mag Omar bloß stecken?«, rätselte die Mutter. »Er hat sich doch noch nie verspätet.«

»Vielleicht ist ihm etwas zugestoßen?«, mutmaßte der Vater.

»Aber er ist nicht allein«, wandte die Frau ein. »Seine Kusine ist mit ihm.«

»Fatimas Herde ist auch noch nicht im Zeltlager eingetroffen«, stellte der Vater fest und fragte einen Hirten, der gerade seine Tiere zusammentrieb: »Bist du heute Omar auf der Weide begegnet?«

»Nein, dein Sohn weidet seine Herde immer in einer anderen Ecke als ich«, gab der Hirte zur Antwort.

Auch Fatimas Eltern machten sich Gedanken um ihre Tochter. »Ich bin weniger besorgt um die Ziegen, ich sorge mich um meine Tochter«, sagte die Mutter und schaute ratlos in Richtung der Weidestelle.

Langsam legte sich Dunkelheit über das Zeltlager. Bellend liefen die Hunde einer läufigen Hündin nach. »Ihr steht tatenlos da und macht ein sorgenvolles Gesicht«, wandte sich Fatimas Mutter an die Männer. »Reitet los und sucht die Herden!«

Die Männer griffen nach den Sätteln, sattelten die Pferde, hängten sich ihre Schwerter um die Schultern und ritten los. Ein paar Augenblicke danach waren die Reiter in der Dunkelheit verschwunden, nur die Hufe der Pferde hörte man widerhallen.

Als die Reiter sich aufmachten, hatte Fatima schon den Brunnen erreicht. Zu ihrer großen Enttäuschung fand sie keine Ziegen vor, und weit und breit war auch kein

Mensch zu sehen. Fatima trank Wasser, dann wusch sie sich das Gesicht. Sie horchte, ob sie in der Umgebung Glöckchen hören konnte. Doch überall um sie herum war es ruhig. Nur die Rufe eines Lämmchens durchbrachen die Stille der Nacht. Die Hirtin ging dem Blöken nach und fand ein Lamm, das sich in einem Gebüsch verfangen hatte. Vorsichtig befreite sie das kleine Tier und drückte es an ihre Brust: »Wie hast du deine Mutter verloren?« Mit der Hand strich sie dem Lämmchen über das lockige Fell. »Beruhige dich, bei mir bist du sicher!«

Während Fatima sich um das Lamm kümmerte, hörte sie Pferdehufe in der Ferne. Das Klappern der Hufe kam immer näher.

Wer sind die Reiter?, fragte sich die Hirtin. Eilig verbarg sie sich im Gebüsch. Ihre Hand legte sie auf das Maul des Lämmchens: »Still! Du darfst unser Versteck nicht verraten! Wir wissen nicht, wer die Reiter sind.«

Unweit des Gebüschs ritten die Reiter vorbei. Fatima erstarrte das Blut in den Adern. Erst als sie sicher war, dass sie nicht umkehrten, traute sie sich aus ihrem Versteck. So schnell sie ihre Füße tragen konnten, lief sie, das Lämmchen fest an ihre Brust gedrückt, in Richtung der Schlucht.

Unterdessen hatte Omar die Getreidefelder erreicht. Er wollte seinen Augen nicht trauen, als er die Ziegen durch die Felder stapfen sah. Der Bock, der sich bereits satt gefressen hatte, lag wie ein Mehlsack zwischen den hohen Ähren.

»Du hast die Herde hierher geführt, du Satan!«, schimpfte Omar, als er den Fettwanst entdeckte. »Eines Tages stopfe ich dir das Maul mit Getreide, bis du nach Luft japst!« Dabei hieb Omar auf den Bock ein, bis dieser hochsprang und davonlief. Omar trieb eilig die Herde zusammen und machte sich auf den Weg in die Schlucht. Trotz der Stockhiebe schleppten sich die Tiere mit ihren voll gefressenen Bäuchen und den prallen Eutern nur mühsam vorwärts.

Fatima, die mittlerweile in der Schlucht angelangt war, hielt vergeblich Ausschau nach Omar. Erschöpft ließ sie sich auf einer Steinplatte nieder und wischte sich mit dem Zipfel ihres Kleides die Tränen aus den Augen.

»Omar, wo bist du?« Sie drückte das zitternde Lamm fest an sich. »Ich werde deine Mutter finden«, flüsterte sie dem kleinen Tier ins Ohr. Vor Erschöpfung fielen Fatima die Augen zu. Sie kam erst wieder zu sich, als sie das Schellen von Glöckchen vernahm.

»Das sind die Glöckchen meiner Ziegen!«, frohlockte sie. »Omar! Omar!«

»Hier bin ich«, hörte sie die Stimme des jungen Hirten. Omar und Fatima fielen einander in die Arme. »Wo hast du die Tiere gefunden?«, stammelte Fatima.

»Mitten in den Weizenfeldern!«

»Der Stammesahn steh uns bei!«, murmelte sie.

»Die Ziegen haben sich die Bäuche vollgeschlagen und die Ähren niedergetrampelt«, erzählte Omar.

Fatima schlug die Hände vor das Gesicht. »Was sollen wir bloß tun?«, jammerte sie. Dann sah sie Omar an: »Hat dich jemand gesehen?«

»Weit und breit war niemand. Aber ich bin in Sorge, dass die Tiere uns verraten. Wenn sie morgen Weizenkörner kacken ...«

»Erst einmal müssen wir eine Erklärung finden für unsere Verspätung«, hielt Fatima dagegen.

»Das ist ganz einfach«, schmunzelte Omar. »Ich habe eine kluge Ausrede gefunden.«

»Heraus mit der Sprache«, unterbrach Fatima ihren Vetter.

»Wir erzählen folgende Geschichte: Auf unserer bisherigen Weidestelle fanden die Tiere nicht mehr genug Futter, deswegen haben wir einen besseren Weideplatz aufgesucht. Die Weide war reich, doch wir haben die Entfernung unterschätzt. Wenn die Zeltbewohner die prallen Euter sehen, werden sie uns die Geschichte glauben. Siehst du nicht, wie sich diese Ziege mit ihrem Kugelbauch dahinschleppt?«

»Die Geschichte ist einleuchtend«, nickte Fatima. Omar strich seiner Kusine sanft über den Kopf: »Die Sache mit den Rosinen und den Linsen behalten wir aber für uns.«

»Das Geheimnis bleibt im tiefen Brunnen verborgen«, versprach Fatima. »Nicht auszudenken, wenn mein Vater davon erfahren würde ...!«

Spät trafen Omar und Fatima im Stammeslager ein. Sie wurden mit vielen Fragen bestürmt: »Wo wart ihr?

Warum kommt ihr so spät? Habt ihr geschlafen? Wir hatten Angst um euch.«

Gelassen und mit ruhiger Stimme trug Omar seine Geschichte vor. Seine Worte besänftigten die Gemüter. Und Fatima fügte hinzu: »Anstatt uns zu tadeln, sollte man uns loben. Wir kümmern uns nicht nur um unsere Herden, wir haben unterwegs auch noch ein Lamm aufgelesen.« Das Mädchen hob das Tier hoch. »Welch herzloser Hirte überlässt so ein Lämmchen seinem Schicksal?«

»Das Lamm gehört zu Raschids Herde. Er suchte es heute Abend im Zeltlager«, entgegnete eine Frau. Als die Frauen nach den Eutern der Ziegen griffen, um sie zu melken, waren sie überrascht. »Wahrlich, du bist ein tüchtiger Hirte, mein Sohn«, lobte Omars Mutter. »So prall waren die Euter noch nie!«

Erst spät in der Nacht kehrten die Reiter von ihrer Suche zurück. Sie waren erleichtert, als sie die Vermissten erblickten. Verwundert hörten sie sich Omars Geschichte an.

»Wir haben die ganze Gegend durchstreift«, erzählte Omars Vater. »Beim Brunnen hat ein aufgescheuchter Vogel meine Stute erschreckt. Sie scheute, und fast hätte sie mich abgeworfen. Ich hatte noch einmal Glück!«

Die Frau reichte ihrem Mann den Wassersack. »Die Geschichte hat ein gutes Ende gefunden. Alle sind heil zurückgekommen. Ich werde zum Dank auf dem Grab des Stammesahns ein Tier opfern.«

Als Omar am nächsten Morgen seine Herde zur Weide führen wollte, fragte ihn die Mutter: »Mein Sohn, wo ist der Bart des Ziegenbocks?«

Omar zuckte die Schultern: »Wie soll ich das wissen? Vielleicht hat er seinen Bart irgendwann eingeklemmt, oder er hat Haarausfall.«

»Merkwürdig«, murmelte die Mutter und wandte sich wieder ihrer Zeltarbeit zu.

Omar und Fatima kehrten immer wieder gern zu ihrer Palme auf dem Weideplatz zurück. Von Frühling zu Frühling wuchsen die Rosinen, und die Linsen hatten immer mehr Mühe mitzuhalten.

Mittlerweile hatte die Hirtin die Kunst des Stickens erlernt. Ihre Stiche wurden feiner, und ihre Motive waren fantasievoll. Mit Geduld und Ausdauer stickte sie an ihrem Hochzeitskleid. Nach vier Jahren Arbeit hatte sie ein wahres Kunstwerk vollbracht. Auf dem glänzenden schwarzen Stoff rankten rote Rosen und weiße Jasminblüten, wuchsen Granatäpfel und Ähren. Bunt gefiederte Vögel, schlanke Gazellen und eine Kamelkarawane zierten die Seiten, und der Ausschnitt war bestickt mit Palmen. Fatima faltete das Kleid sorgfältig zusammen, wickelte es in ein Tuch und versteckte es unter dem Matratzenstapel.

Die Mutter, die die Stickerei betreut hatte, war stolz auf die Geschicklichkeit ihrer Tochter: »Der Mann, der dich in diesem prachtvollen Hochzeitskleid im Brautzelt in die Arme schließen wird, verlängert sein Leben um ein paar Jahre, bemerkte sie.

Fatimas Gesicht errötete. Sie schwieg und knetete den Teig für die Fladenbrote. Doch die Mutter ließ nicht locker. »Hab Vertrauen, mein Kind!«, sagte sie. »Mütter haben einen Schlüssel zu den Herzen ihrer Kinder.« Fatima hob den Blick: »Du weißt schon, in welche Richtung mein Herz schlägt. Ich habe nur Augen für Omar!«

»Ich bin zufrieden mit deiner Wahl«, sagte die Mutter. »Ich wollte nur sicher sein, dass deine Gefühle unverändert sind.«

»Der Teig klebt an den Händen«, klagte Fatima. »Nicht so viel Wasser auf einmal nehmen«, riet die Mutter. Sie gab der Tochter eine Handvoll Mehl aus dem Sack. »So wird der Teig gut, nicht zu klebrig und nicht zu fest.«

»Hat Omar mit dir über Heiratspläne gesprochen?«, setzte die Mutter das Gespräch fort.

»Nein«, erwiderte das Mädchen.

Die Mutter dachte kurz nach: »Bist du sicher, dass er dich heiraten will?«

»Soll ich ihn fragen?«, schlug Fatima vor.

»Nein, meine Tochter«, warnte die Mutter. »Es liegt an ihm, um deine Hand anzuhalten. So sind die Sitten.«

»Und wenn er es nicht tut?«

»Dann wirst du die Schlauheit deiner Mutter kennenlernen.«

Fatima schaute die Mutter fragend an.

»Man braucht viel Erfahrung im Leben«, fuhr die

Mutter fort. »Mit der Zeit wirst du das auch lernen. Fatima, wenn ich von meiner Schlauheit Gebrauch mache, werde ich binnen weniger Tage Omar auf die Palme bringen.«

»Auf die Palme?« Fatima lachte lauthals.

Die Stirn der Mutter zog sich in Falten: »Ich meine es ernst. Ich schwöre beim Barte des Propheten, dass ich ihn auf die Palme bringen kann!«

»Da hast du viel vor«, erwiderte die Tochter. »Er ist kein guter Palmenkletterer.«

»Das überlass nur mir«, sagte die Mutter und warf dem alten Hund in der Ecke ein Stück vertrocknetes Fladenbrot zu.

Seit diesem Gespräch zwischen Mutter und Tochter war ein weiterer Frühling ins Land gezogen. Fatima war siebzehn Jahre alt geworden, und ihr Vetter Omar hatte noch immer nicht um ihre Hand angehalten.

Eines Abends sagte Fatima zu ihrer Mutter: »Mutter, die Nachbarstochter, die einen Frühling jünger ist als ich, hat sich verlobt.«

»Das weiß ich«, sagte die Mutter.

»Omar hat sich immer noch nicht gerührt«, klagte die Tochter.

Die Mutter legte ihr den Arm um die Schulter. »Ich werde ihm auf die Sprünge helfen«, versprach sie. »Du kannst dich auf mich verlassen.«

Noch in derselben Nacht heckte die Mutter einen

Plan aus. Nachdem das Tagwerk getan war und die Kinder unter die molligen Wolldecken geschlüpft waren, lag die Mutter auf der Matratze und wartete auf das Eintreffen ihres Mannes.

Spät in der Nacht kehrte der Mann von seiner Handelsreise zurück. Er war verwundert, dass er seine Frau noch wach vorfand. Er erzählte ihr von den guten Gewinnen, die ihm seine Geschäfte eingebracht hatten, doch spürte er beim Erzählen, dass seine Frau mit ihren Gedanken abwesend war.

»Ist irgendetwas vorgefallen?«, wollte der Mann wissen.

Die Frau richtete sich auf: »Du weißt, ich bin nicht mehr die Jüngste. Dieses Jahr muss ich zwei Zeltbahnen erneuern.«

»Worauf willst du hinaus?«, unterbrach sie der Mann.

»Fatima könnte mir bei der vielen Zeltarbeit zur Hand gehen, ihr Bruder Nadir kann sie doch beim Hüten der Tiere ablösen.«

»Ist das alles, was dich bedrückt? Dann bleibt Fatima ab morgen im Zelt.« Der Mann holte aus der Gewandtasche einen silbernen Armreif und überreichte ihn seiner Frau.

»Ein wunderschönes Geschenk!«, lobte sie ihn. Fatima, die unter ihrer Wolldecke am anderen Ende der Schlafreihe lag, hatte dem Gespräch gelauscht. Nur mühsam konnte sie ihr Lachen unterdrücken. Eine gute List!, dachte sie bei sich.

Am nächsten Morgen nach dem Frühstück wandte sich der Vater an seinen Sohn: »Nadir!«

»Ich höre, Vater.«

»Du bist jetzt alt genug, um die Herde zur Weide zu führen. Deine Mutter hat viel Zeltarbeit und braucht die Hilfe von Fatima.«

Halbherzig stimmte der Sohn zu.

Als der neue Hirte am Rand des Stammeslagers mit Omar zusammentraf, war dieser verblüfft: »Wo ist deine Schwester? Ist Fatima krank?«

»Nein, sie bleibt ab heute im Zelt, um meiner Mutter bei der Arbeit zu helfen«, erwiderte Nadir.

Omar biss sich auf die Unterlippe. Er musterte den Jungen von Kopf bis Fuß. »Du sollst die große Herde hüten? Weißt du, wie schwer es ist, Wasser aus dem Brunnen zu schöpfen?«

»Meine Mutter sagte mir, dein Vetter kann dir behilflich sein.«

»Deine Mutter hat gut reden«, schimpfte Omar und trieb eine Ziege mit dem Stock vor sich her.

Seit diesem Tag verlor Omar die Freude an seiner Arbeit. Er vermisste seine Kusine Fatima. Seine Sehnsucht nach ihr wuchs von Tag zu Tag. Nach einer Woche war der Hirte des Alleinseins müde. Das Weiden ohne seine Spielfreundin war ihm langweilig. Oft saß er gedankenversunken auf einem Stein. Eines Abends wandte er sich an seinen Vater: »Ich will nicht ewig Hirte bleiben. Ich möchte anfangen, Handel zu treiben.«

»Ich kann dein Vorhaben nur unterstützen«, erwiderte der Vater. »Handel ist die Quelle von Reichtum. Der Prophet hat Handel getrieben.« Der Vater hielt kurz inne. »Ich wollte dich schon seit einiger Zeit fragen, ob du nicht heiraten möchtest?«

Omar senkte seine Blicke und schwieg.

Der Vater spürte, dass der Sohn nicht abgeneigt war. »Du bist mein ältester Sohn. Ich möchte gern ein großes Hochzeitsfest feiern.«

»Vater, mein Herz schlägt für meine Kusine Fatima.«

»Das ist eine kluge Entscheidung«, entgegnete der Vater.

Einen Vollmond nach dem Gespräch zwischen Omar und seinem Vater wurde die Verlobung bekannt gegeben. Der Vetter hatte um die Hand seiner Kusine angehalten. Man besiegelte die Verlobung mit ein paar Versen und verteilte Süßigkeiten.

Fatima umarmte ihre Mutter und flüsterte ihr ins Ohr: »Dass deine List so schnell Wirkung zeigt, hätte ich nicht gedacht.«

Die Mutter lächelte und schloss ihre Tochter in die Arme.

Nach der Verlobung wurden Vorbereitungen für das Hochzeitsfest getroffen. Man schlug ein Festzelt für die Männer und ein zweites für die Frauen auf. Neben dem Frauenzelt stand ein kleines Brautzelt. Tagsüber veranstalteten die Männer Pferde- und Kamelrennen vor den

Festzelten, und abends tanzten sie im Mondlicht. Die Frauen trällerten und sangen.

Das Hochzeitsfest erreichte seinen Höhepunkt an dem Tag, an dem Fatima in das kleine Brautzelt geleitet wurde. Die Mädchen bereiteten die Braut für die Hochzeitsnacht vor. Sie wuschen Fatima und flochten ihr schwarzes Haar zu einem langen Zopf. Reifen aus Gold und Silber schmückten die Arme der Braut. Nelkenketten um ihren schlanken Hals verbreiteten betörende Düfte.

Als Fatima das bestickte Kleid überzog, war sie schön wie der Mond in seiner Fülle.

Die Frauen schmückten das kleine Brautzelt aus. Sie breiteten bunte Teppiche aus und legten bestickte Kopfkissen auf das Hochzeitslager. Den Zelteingang zierte ein langes, gewobenes Band mit Fransen. Dann wurde das Brautkamel ausgesucht. Omars Vater entschied sich für ein altes, geduldiges Kamel. »Dieses Kamel hat mir immer Glück gebracht, und bis heute hat es keinen Menschen angegriffen«, sagte der Vater und schob dem alten Kamel einen Korb voll Gerste zu. Als das Tier satt war, befestigte Omars Vater einen großen Reitkorb auf dessen Höcker. Die Mutter schmückte das Tier mit Teppichen und bunten Stickereien. Rote Fransen zierten den langen Hals des Kamels.

Auf Geheiß des Vaters setzte sich das Brautkamel in Bewegung, um die Braut zu holen. Das gesamte Zeltlager war auf den Beinen. Die Kinder scharten sich um das Kamel und baten um Süßigkeiten. Als das Brautkamel das Zelt von Fatimas Vater erreicht hatte, ließ man es niederknien. Unter dem Trällern der Frauen bestieg die Braut den Reitkorb, und das Kamel trug sie zu dem kleinen Hochzeitszelt. Dort nahmen sie die Frauen in Empfang und geleiteten sie zum Hochzeitslager. Die Mädchen tanzten um das Lager.

Währenddessen wurde nun auch der Bräutigam vorbereitet. Eine Hand voll junger Männer, Freunde des Bräutigams, übernahm diese Aufgabe. Sie setzten ihn in die große Waschschüssel. Während einer aus dem Krug Wasser goss, seifte ein zweiter Omar ein. Ein dritter schrubbte ihn mit der Bürste. Die anderen begleiteten das Bad mit Tänzen und Gesängen. Als sich der Bräutigam erhob, war er sauber wie eine geschälte Karotte. Omar wurde rasiert. Schließlich rieb man ihn mit einer duftenden Salbe ein und besprühte ihn mit Rosenwasser. Dann legte man dem Bräutigam ein seidenes Gewand an, setzte ihm die Kopfbedeckung auf und befestigte den mit Perlen besetzten Dolch an seinem Gürtel.

»Unser Bräutigam ist so schön, dass der Mond vor seiner Schönheit errötet«, bemerkte einer der Freunde.

In dieser Nacht schlachtete Omars Vater drei Schafe zu Ehren der Braut. Nachdem das große Festmahl beendet war, geleiteten die jungen Männer den Bräutigam zum Brautzelt. Der Mond, der im Herzen des Himmels stand, bestrahlte mit seinem silbernen Licht das kleine Hochzeitszelt. Während das ganze Zeltlager tanzte und sang, schlüpfte der Bräutigam durch den Zelteingang zu seiner Braut.

So verbrachten Omar und Fatima ihre Hochzeitsnacht im kleinen Brautzelt.

Nach einer glücklichen Nacht nahmen Braut und Bräutigam am nächsten Morgen die Geschenke entgegen. Besucher aus vielen Stämmen fanden sich ein, um am großen Abschlussfest teilzunehmen. Omars Vater schlachtete ein gutes Dutzend Ziegen und Schafe zu Ehren der Gäste.

Eine Woche später wurde das kleine Brautzelt um zwei Zeltbahnen erweitert, und so hatte das frisch vermählte Paar ein eigenes Zelt.

Die Verbindung von Omar und Fatima stand unter einem guten Stern. Fatima gewann das Herz der Schwiegermutter. Omar trieb Handel, und seine Geschäfte florierten.

Im zweiten Frühling nach der Hochzeit gebar Fatima ihr erstes Kind. Die alte Hebamme, die ihr bei der Geburt beistand, strich mit ihren knochigen Händen über den Bauch der Gebärenden: »Ein ebenmäßiger Bauch«, sprach die Alte. »Eine solch schöne Melone habe ich seit Langem nicht gesehen.«

Als die Hebamme die Frucht aus der Melone entgegennahm, verkündete sie: »Ein Mädchen! Ein wunderschönes Mädchen!«

Die Hebamme wickelte das Neugeborene in ein Tuch und gab es Fatima. Voller Stolz betrachtete die Mutter ihr erstgeborenes Kind. »Es hat die Nase des Vaters und die Augen der Mutter«, bemerkte sie und drückte es an ihre Brust.

Die anwesenden Frauen betrachteten das Neugeborene. Die Hebamme stopfte zufrieden ihre Pfeife und legte ein brennendes Kamelbällchen darauf. Nach dem ersten genüsslichen Zug wandte sie sich an die Wöchnerin: »Ich möchte von euch kein Geschenk für meine Hilfe. Ich habe nur einen Wunsch.«

»Was wünschst du dir?«, fragte Fatima.

»Ich möchte dem Neugeborenen den Namen geben!«, erwiderte die Alte.

»Ich danke dir für den Beistand«, sagte Fatima. »Dein Wunsch soll erfüllt werden.«

Die Hebamme erhob sich und ließ sich neben dem Neugeborenen nieder. Sie strich dem Kind über den Kopf: »Du sollst den Namen Amira tragen.« Die anwesenden Frauen nickten zustimmend: »Wahrlich, du hast einen passenden Namen für dieses außergewöhnlich schöne Kind ausgesucht. Amira, Prinzessin!«

Omar und Fatima waren beglückt über die Geburt von Amira. Das aufgeweckte Kind bereicherte ihr Leben. Von Frühling zu Frühling blühte die Schönheit des Mädchens mehr auf. Wenn der Vater auf Handelsreisen ging, brachte er Stoffe für seine Tochter mit, und Fatima nähte daraus prachtvolle Kleider für das Kind. Doch die größte Freude, die der Vater seiner kleinen Tochter bereiten konnte, waren Granatäpfel. Das

Mädchen liebte diese Früchte über alles. Noch bevor der Vater von seinem Kamel abstieg, bestürmte ihn die kleine Amira: »Wo ist die rote Frucht?«

Wie glücklich war sie, wenn der Vater in die Satteltaschen des Kamels griff und ihr einen Granatapfel überreichte. Amira hielt die Frucht zwischen ihren Händen fest und schnupperte daran. Dann rollte sie sie auf dem Teppich eine Weile hin und her. Erst nach langem Spiel öffnete sie die Frucht und schob sich genüsslich die roten Kerne in den Mund. Amira gewann nicht nur die Herzen der Eltern, auch die Bewohner des Zeltlagers erfreuten sich am Anblick des Kindes. Sie war nicht nur schön, sie war auch klug.

Der Großmutter missfiel die große Aufmerksamkeit, die Amira erregte. Eines Tages sprach sie zu ihrer Schwiegertochter: »Fatima, alle Augen bewundern die Schönheit deiner Tochter.«

»Was ist dabei zu beklagen?«, unterbrach Fatima die Schwiegermutter.

»Höre, was ich dir sage«, erwiderte diese. »Ich bin nicht weniger stolz als du über Amira. Sie ist mein erstes Enkelkind. Doch es ist nicht gut für die Kleine, wenn sie alle Blicke auf sich zieht. Heute, als die Kinder am Rande des Zeltlagers spielten, kam ich gerade vom Brunnen zurück. Und was sah ich? Ein fremder Reiter zügelte seine Stute und schaute wie gebannt auf Amira. Ich hörte ihn sagen: ›O Kind! Deine Schönheit blendet meine Augen. Eine wahre Prinzessin der Wüste!‹«

»Ich glaube, die Großmutter ist nur eifersüchtig, dass keine ihrer Töchter so schön wie Amira ist«, lachte Fatima.

Die Gesichtszüge der Schwiegermutter wurden ernst: »Ich fürchte den bösen Blick.«

Fatima wurde nachdenklich: »Was schlägst du vor?«

Die Großmutter griff in ihren Ausschnitt und förderte ein kleines Amulett zutage. Sie rief ihr Enkelkind zu sich und legte ihm das Amulett um den Hals: »Ab heute sollst du dieses Amulett tragen. Es möge dich vor Krankheiten bewahren und vor Unglück schützen!«, wünschte sie und drückte dem Mädchen einen Kuss auf die Wange.

An diesem Tag kehrte Omar von einer langen Karawanenreise zurück. Er brachte nicht nur einen Granatapfel mit, sondern auch Geschichten. Da Omar die fernen Märkte Arabiens aufsuchte, hörte und erfuhr er viel, denn dort trafen sich Händler aus allen Himmelsrichtungen, um ihre Waren feilzubieten. Neugierig lauschte die kleine Amira den Geschichten des Vaters.

Auf dieser Reise hatte Omar einen der berühmtesten Märkte aufgesucht, um eine große Ladung gewobener Teppiche anzubieten. Das Glück stand auf seiner Seite. Bereits vor dem Mittagsgebet hatte er fast alle Teppiche verkauft. Er schaute sich auf dem großen Markt um.

Während er so vor sich hin schlenderte, zog ein Schlangenbeschwörer seine Blicke auf sich. Er saß umgeben von einer Schar Neugieriger und spielte auf seiner Flöte. Eine Schlange, schwarz wie die Nacht, reckte züngelnd ihren Kopf aus dem Korb. Legte der hagere Schlangenbeschwörer sein Instrument zur Seite, verschwand der Schlangenkopf wieder in dem Korb.

Omar betrachtete das seltsame Schauspiel. Zuschauer warfen dem Schlangenbeschwörer Münzen zu. Nach einer Weile wandte sich Omar ab und versuchte, sich einen Weg zu dem Stoffverkäufer zu bahnen. Er wollte für seine Frau einen feinen Seidenstoff kaufen. Kurz vor dem Stand des Händlers erblickte er eine Schar Affen. Sie gehörten einem Händler aus dem fernen Afrika. Auf sein Geheiß zeigten die Affen ihre Kunststücke. Sie sprangen über einen Kasten, balancierten auf einem Holzbalken und winkten den Schaulustigen zu.

»Kauft Affen! Kauft Affen!«, lockte der Händler die Zuschauer.

Während Omar dem Spiel gebannt zuschaute, kam der Bananenverkäufer vorbei, der ein großes Büschel Bananen auf dem Rücken trug. Im Nu stürzten sich die Affen auf die Bananen. Der Mann ließ seine Ladung fallen und rannte davon. Die Umstehenden lachten. In Windeseile hatten die Affen die Bananen weggefressen. Als der Affenhändler seine Tiere wieder eingefangen hatte, erschien der Bananenverkäufer. Wütend trat er auf den Händler zu: »Deine wilden Affen haben meine Bananen gefressen! Du musst mir dafür Münzen geben.«

Der Schwarze verzog sein Gesicht: »Münzen? Wofür?«

Der Bananenverkäufer war empört. »Bist du blind? Willst du abstreiten, was deine Affen getan haben? Einer hätte mir fast die Augen ausgekratzt.«

»Deine Augen sind unversehrt«, schrie ihn der Affenverkäufer an. »Wegen ein paar vergammelter Bananen machst du so ein Geschrei?« Er langte in seinen Beutel und warf dem Bananenverkäufer eine kleine Münze vor die Füße.

Dieser griff, nach Luft japsend, nach der Münze und schleuderte sie in hohem Bogen weg.

»Was ist hier los?«, war eine tiefe Stimme zu vernehmen. Das Geschrei der Streithähne hatte den Marktaufseher auf den Plan gerufen.

Der Bananenverkäufer berichtete dem Marktaufseher, was sich zugetragen hatte: »Ich war unterwegs auf dem Marktplatz, als mich diese Herde von Affen überfallen hat und beinahe verletzt hätte. Sie haben alle meine Bananen gefressen.«

Der Marktaufseher wandte sich an den Affenverkäufer: »Stimmt das?«

»Meine Affen sind wohlerzogen«, erwiderte der Händler. »Sie können wunderbare Kunststücke vollführen, und sie erfreuen die Herzen der Marktbesucher. Doch jedermann weiß, dass Affen Bananen über alles lieben. Und dieser Narr läuft mit seinen Bananen ausgerechnet an meinen Affen vorbei. Ist der Markt nicht groß genug? Er hat mir die Kunden vertrieben, und jetzt bleibe ich auf meinen Affen sitzen!«

Der Marktaufseher hatte aufmerksam zugehört. Er dachte kurz nach, dann sagte er: »Der Markt gehört allen. Händler und Käufer haben gleichermaßen freien Zugang zu diesem Platz. Es war ein Missgeschick.« Er wiegte den Kopf hin und her. Dann wandte er sich an den Affenhändler: »Du hast nichts verloren, im Gegenteil, deine Affen sind für heute satt. Der Bananenverkäufer dagegen hat seine Ladung eingebüßt. Als Entschädigung bekommt er einen Affen.«

Unwillig zog der Bananenverkäufer mit dem Affen an der Leine davon.

Amira, die der Geschichte aufmerksam gefolgt war, bat ihren Vater: »Bringst du mir von der nächsten Reise ein Äffchen mit?«

»Meine Tochter, wenn unsere Wachhunde dieses fremde Tier sehen, werden sie ihm wehtun«, erklärte der Vater.

»Dann will ich kein Äffchen haben«, erwiderte sie.

Lange erfreute sich Amira an dieser Geschichte. Immer wieder musste ihr der Vater von den Affen und den Bananen erzählen.

Omar war ein geschickter Händler. Er unternahm immer weitere Reisen. Allah segnete seine Geschäfte, und so wurde Omar mit den Jahren der reichste Mann des Stammes. Nur eines trübte das Leben von Fatima und Omar ein wenig: Amira blieb ihr einziges Kind. Obgleich Omar und Fatima berühmte Derwische und bekannte Hebammen aufsuchten, waren alle Bemühungen erfolglos. Fatima wurde nicht wieder schwanger. Oft saßen die Eltern in ihrem Zelt und trösteten einander: »Unsere Amira ist das schönste Kind in der Wüste!«

Es geschah während einer Winterreise, als Omar auf den fernen Märkten Arabiens weilte. Mehr als zwei Monate war er unterwegs. In diesem Winter war der Himmel über dem Stammesgebiet mit Wolken bedeckt. Es regnete heftig, an einem Tag fielen sogar Schneeflocken. Die Kinder sprangen vor den Zelten hin und her und suchten die weißen Flocken zu erhaschen. Doch der Regen, den die Zeltbewohner erst wie ein Geschenk Allahs begrüßt hatten, wollte nicht mehr aufhören. Der Himmel schien ein großes Loch zu haben.

Der Stammesälteste, der sich schlotternd in seinen weiten Fellmantel hüllte, meinte: »In meinem ganzen Leben habe ich so einen regenreichen Winter noch nie erlebt.«

»Irgendwann geht auch dieser Winter zu Ende. Dann werden die Gräser und Kräuter sprießen und das Gesicht der Erde mit einem grünen Schleier bedecken, und die Frühlingssonne wird die Kälte aus deinen Knochen vertreiben«, munterte ihn der Scheich auf.

In den letzten Wintertagen gab es einen starken Hagelschlag. Der Wind peitschte gegen die Zelte, und die Hagelkörner prasselten auf die Zeltdächer nieder wie Steine. Die Erde, die sich mit Wasser vollgesogen hatte, war nicht mehr durstig, und so bildeten sich reißende Wasserfluten, die mitunter höher waren als die mittlere Zeltstange. Zahllose Tiere ertranken in den Fluten.

Fatima, die ihren alten Esel retten wollte, rannte aus dem Zelt, ihre Hände schützend über den Kopf gebreitet. Sie versuchte, den Esel vor sich herzuschieben, doch dieser war starr vor Angst. Seine Hufe versanken immer tiefer im Schlamm. Als Fatima sich bückte, um die Hufe zu befreien, überraschte sie eine hohe Wasserwoge. Samt ihrem Esel wurde sie von den Fluten mitgerissen.

Zeltbewohner, die ihr Schreien hörten, eilten mit Stangen und Seilen zu Hilfe – doch vergeblich. Die Wasserflut hatte sie in das Wadi mitgerissen, das sich in einen reißenden Strom verwandelt hatte.

»Diese Flut kann eine ganze Kamelherde mit sich reißen«, sagte der Scheich, als er die Wassermassen erblickte.

Tiefe Trauer legte sich über das Zeltlager.

Nachdem der Regen endlich aufgehört hatte, machten sich Reiter auf die Suche nach der Vermissten. Sie ritten das Wadi entlang, bis dieses in das große Meer mündete, doch sie konnten keine Spuren entdecken. Mit leeren Händen kehrten sie zurück.

»Das große Meer hat meine Tochter verschlungen!«, jammerte Fatimas Mutter. »Das Meer wird sie nie mehr freigeben!«

Einen Vollmond nach diesem Unglück kehrte Omar von seiner Reise zurück. Als er die bittere Nachricht erfuhr, erstarrte sein Gesicht. Vierzig Tage und Nächte erhob er sich nicht mehr von seinem Lager, sprach wenig und nahm kaum noch Nahrung zu sich. Der Derwisch besuchte ihn regelmäßig und gab ihm Heilmittel.

Erst nach diesen vierzig Tagen kam er langsam wieder auf die Beine. Er schlug sein Zelt ab und zog mit seiner Tochter wieder in das große Zelt seiner Eltern. Von diesem Tag an stellte er seinen Handel ein. Immer wieder machte er sich Vorwürfe: »Wäre ich nicht auf Handelsreise gewesen, hätten die Wasserfluten meine Frau nicht fortgerissen.«

Omar nahm sich viel Zeit für seine Tochter. Oft setzte er Amira auf seinen Schoß und schaukelte sie hin und her. Die Großmutter bemühte sich nach Kräften, dem Kind die Mutter zu ersetzen. Sie verwöhnte die Kleine, so gut sie es vermochte. Sie schob für Amira das größte Ei in die Asche und gab ihr Rosinen und Datteln zu naschen. Wenn der Großvater auf seiner Stute ritt, setzte er Amira vor sich auf den Sattel.

Das Mädchen genoss die Aufmerksamkeit, doch immer wieder fragte es nach seiner Mutter. Über Amiras Lachen lag ein Hauch von Traurigkeit.

Auch Omar konnte den Tod seiner Frau nicht überwinden. Er schwor, nie mehr zu heiraten und keine andere Frau in seine Arme zu schließen. Die Palme auf der Weide, die Omar und Fatima als Spielplatz gedient hatte, wurde sein Lieblingsplatz. Immer wieder suchte er sie auf, lehnte seinen Rücken gegen ihren Stamm und rief sich die alten Bilder in Erinnerung.

Als Amira im zehnten Frühling war, begann die Großmutter, das Mädchen in die Zeltarbeit einzuführen. Sie zeigte Amira, wie man mithilfe einer Spindel aus Schafwolle Fäden spinnt und wie man Teppiche webt. Sie brachte dem Mädchen bei, Teig zu kneten und Fladenbrot zu backen. Sie schüttete ein Häufchen Weizenmehl in die Schüssel, streute Salz darüber und goss Wasser dazu. Wenn der Teig geknetet war, pflegte sie zu sagen: »Jetzt muss sich der Teig ausruhen, meine Enkeltochter.«

Auch die Kunst, ein Feuer anzufachen, zeigte ihr die Großmutter. Die Kameläpfel und die Ziegenperlen, die als Brennmaterial dienten, mussten trocken genug sein. Die Bällchen wurden auf die Feuerstelle getürmt, dann zerrieb die Großmutter zwei Bällchen zwischen Daumen und Zeigefinger und entzündete sie. Hatten die Kameläpfel Feuer gefangen, blies die Großmutter zunächst vorsichtig und wedelte dann mit ihrem Kleid, um die Flammen anzufachen. Erst wenn sich Glut gebildet hatte, legte die Großmutter das runde Backblech über die Feuerstelle: »Das Feuer darf nicht zu stark sein, sonst verbrennt das Fladenbrot. Aber es darf auch nicht zu schwach sein, sonst klebt der Teig auf dem Blech«, erklärte sie ihrer Enkelin.

Da Amiras Vater seit dem Tod seiner Frau die Lust am Erzählen verloren hatte und sein Vorrat an Geschichten, seitdem er keinen Handel mehr trieb, schrumpfte, übernahm die Großmutter diese Aufgabe. Abend für Abend erzählte sie ihrer Enkeltochter Geschichten.

Die Großmutter erwies sich mit den Jahren als begnadete Erzählerin. Oft beendete sie eine Geschichte an der spannendsten Stelle und vertröstete Amira auf den nächsten Abend. So zog sie ihre Zuhörerin in Bann.

Manchmal, wenn die Großmutter alle Hände voll zu tun hatte und Amiras Hilfe brauchte, wusste sie das Mädchen mit Geschichten zu locken. »Amira, wenn du mir den Esel herbringst, damit ich vom Brunnen Wasser holen kann, werde ich dir heute Abend eine neue Geschichte erzählen«, pflegte sie zu sagen.

Ganz schnell sprang das Mädchen auf und trieb den Esel mit dem Stock zum Zelt.

Oder in der Frühlingszeit, wenn die Großmutter mit der Milchverarbeitung beschäftigt war, versprach sie Amira: »Wenn du mir beim Melken hilfst, werde ich dir das Märchen von vorgestern zu Ende erzählen.«

So wusste die Großmutter ihre Enkeltochter mithilfe von Geschichten in die Zeltarbeit einzuführen. Das Mädchen zeigte viel Geschick bei den verschiedenen Tätigkeiten. Nur die Herde zur Weide führen mochte Amira nicht. Sie klagte über Kopfschmerzen, wenn man sie darum bat. Nicht einmal die spannendsten Geschichten der Großmutter konnten diese Kopfschmerzen vertreiben. Und schließlich entlastete die Großmutter das Mädchen von dieser Aufgabe.

Amira hatte eine Vorliebe für das Tanzen. Wann immer ein Hochzeitsfest im Zeltlager gefeiert wurde, zeigte sie ihr Können. Ihr Körper war geschmeidig wie der einer Schlange. Bog sie sich beim Tanzen zurück, so reichten ihre langen schwarzen Haare bis zum Sand. Besucherinnen aus fremden Stämmen, die dem Mädchen beim Tanzen zusahen, erzählten in ihren Zelten voll Bewunderung von der Schönheit und dem Geschick dieses Mädchens. Und so kam es, dass sich die Kunde von Amira in allen Stämmen verbreitete.

Mit der Zeit wuchs die Zahl derer, die sich Amira zur Frau wünschten. Junge Männer aus fremden Stämmen ließen ihre Absichten durch ihre Schwestern kundtun, andere sandten heimlich Geschenke. Viele berühmte Scheichsöhne waren unter den Bewerbern. Ein Scheichsohn aus einem fernen Stamm, der von der Schönheit des Mädchens gehört hatte, rief einer Schwalbe im Fluge nach »Übermittle Amira die Verse des Dichters:

Als man mir deine Schönheit beschrieb,
habe ich mich in dich verliebt.
Manchmal verliebt sich das Ohr
vor dem Auge! «

Als Amira in ihrem vierzehnten Frühling war, war ihre Schönheit voll erblüht. An einem Festtag legte sie zum ersten Mal das Hochzeitskleid ihrer Mutter an. Als die Großmutter das Mädchen in dem prachtvoll gestickten Kleid erblickte, lobte sie Allah: »Der Schöpfer aller Dinge hat sich viel Zeit genommen, um Amira zu erschaffen.«

Amira, die sich auf einem Teppich vor dem Zelt niederließ und an einem Kopfkissen zu sticken begann, schien abwesend zu sein. Die Großmutter sah, wie ein Hauch von Traurigkeit über ihr Gesicht strich.

Plötzlich schrie das Mädchen auf und ließ das Stickzeug fallen. »Ich habe mich gestochen!«, rief es und hielt einen Finger fest.

Die Großmutter nahm Asche von der Feuerstelle und versuchte, das Blut zu stillen. Dann setzte sie sich neben Amira. »Meine Enkeltochter, heute ist ein Festtag, doch ich sehe dich bedrückt. Ich habe in der letzten Zeit öfters bemerkt, dass du abwesend bist.«

Das Mädchen schlang seine Arme um die Großmutter. »Hab Vertrauen zu mir«, fuhr die Alte fort. »Erzähl mir, was deinen Kopf beschäftigt.«

»Großmutter, ich bin kein Kind mehr.«

Die Großmutter nickte. »Ich sehe, dass dir das Hochzeitskleid deiner Mutter passt.« Die Alte betrachtete das Mädchen. »Hast du ein Geheimnis im Herzen?«

»Großmutter, du weißt, alle Zeltbewohner reden von mir und bewundern meine Schönheit.«

»Ist das nicht ein Geschenk Allahs?«, unterbrach sie die Großmutter.

»Ja, darüber bin ich auch glücklich«, erwiderte Amira.

»Und wo liegt dein Kummer?«, hakte die Alte nach. »Ein so schönes Gesicht wie das deine hat keinen Platz für Traurigkeit.«

Amira dachte nach und sagte: »Es ist schlimm, wenn man keinen Heiratsbewerber findet, doch es ist auch nicht leicht, viele zu haben. Vierzig junge Männer wollen mich heiraten, und ich kann mich nicht entscheiden.«

Die Großmutter war fassungslos: »Vierzig?«

»Du hast mich nach meinem Kummer gefragt, und ich habe dir geantwortet.«

Die Großmutter griff nach ihrem Tabaksbeutel, stopfte ihre Pfeife und legte Glut darauf. Sie nahm ein paar Züge und trank drei Schälchen Kaffee nacheinander. Nach einer Weile sagte sie: »Du hast so viele Bewerber, wie meine Halskette Perlen hat.« Die Alte hielt ihre Kette hoch. »Schau her, nicht alle Perlen sind gleich. Es gibt silberne und goldene Perlen, es gibt Perlen aus Edelsteinen und Perlen aus Glas. Erst wenn man die Kette gegen die Sonne hält, kann man die Edelsteine von den Glasperlen unterscheiden!« Die Großmutter nahm einen weiteren Zug aus ihrer Pfeife. »Genauso ist es mit den vierzig jungen Männern, die einen taugen und die anderen taugen nicht. Du musst anfangen zu prüfen, Amira. Beim nächsten Vollmond sagst du mir, wie viele Perlen übrig geblieben sind.«

Das Mädchen fand Gefallen an dem Vorschlag.

In den folgenden Nächten lag Amira auf dem Schlaflager und dachte nach. Einige Gestalten der jungen Männer, die sie kannte, kreisten in ihrem Kopf. Andere Heiratsbewerber, die sie nur vom Hörensagen kannte, stellte sie sich in ihrer Fantasie vor.

Als der Vollmond schön und mächtig am Himmel stand, sprach Amira zu der Großmutter: »Ich habe lange nachgedacht. Von den vierzig jungen Männern sind dreißig übrig geblieben.«

»Wie hast du dich von den zehn Bewerbern getrennt?«, wollte die Großmutter wissen.

»Sieben von ihnen habe ich noch nie gesehen. Durch ihre Schwestern sandten sie mir ihre Botschaften. Zwei weitere schenkten mir Tücher und der dritte eine Nelkenkette.«

»Das ist gut, Amira. Aber dreißig Bewerber sind immer noch zu viel. Überlege weiter, vielleicht scheidet der eine oder der andere aus«, riet die Großmutter.

Die Alte nahm zehn Perlen von ihrer Halskette und versteckte sie in einem Beutel. Als sie die Perlen ausfädelte, murmelte sie bei sich: »Welche Perle wird wohl übrig bleiben?«

Amira folgte dem Rat der Großmutter. Sie stellte Nachforschungen an über die jungen Männer, befragte andere Mädchen und rief sich die Bilder in Erinnerung. Dann wandte sie sich erneut an die Großmutter: »Ich habe noch weitere zehn Bewerber gestrichen.«

»Weshalb hast du dich von diesen jungen Männern getrennt?«, wollte die Großmutter wissen.

»Ich habe von anderen Mädchen erfahren, dass diese jungen Männer sich auch für sie interessieren.«

»Du hast recht getan«, lobte die Großmutter. Sie nahm weitere zehn Perlen von ihrer Kette. »Du bist jetzt auf dem halben Weg zum Ziel«, sagte die Alte und ließ die Perlen eine nach der anderen in den Beutel gleiten. Mit der Zeit gestaltete sich das Auswählen immer schwieriger. Amira begann, die jungen Männer in Gruppen aufzuteilen: Bewerber aus ihrer Sippe, Bewerber aus ihrem Stamm und Heiratsbewerber aus fremden Stämmen.

»Sieben junge Männer habe ich ausgeschieden«, sagte das Mädchen eines Abends zur Großmutter.

»Wie ist dir das gelungen?«

»Fünf kommen aus weit entfernten Stämmen. Wenn ich einen von denen heiraten würde, müsste ich weit weg von dir und Vater wohnen. Zwei Bewerber entstammen unserem Zeltlager. Der eine hat mich einmal angelogen, für den anderen hege ich keine Gefühle.«

Die Alte zeigte sich zufrieden. »Dreizehn Perlen sind übrig geblieben an meiner Kette.«

»Für die dreizehn brauche ich mehr Zeit«, sagte Amira. »Bis zum Ende des Sommers?«, fragte die Großmutter. Das Mädchen nickte.

Einige werden die Sommerhitze nicht überleben, dachte die Alte bei sich.

Die milden Frühlingstage waren zu Ende gegangen, und die Sommerhitze verbrannte die letzten Frühlingskräuter. Das Getreide auf den Feldern war reif. Man schlug die Sommerzelte auf und begann, die Schafe zu scheren. Die Großmutter wartete ungeduldig auf eine Antwort von Amira.

»Die Ähren werden auf dem Dreschplatz gedroschen, und das Wasser im Brunnen wird weniger. Wie hast du dich entschieden?«, wandte sich die Großmutter an das Mädchen.

»Sieben Bewerber sind übrig geblieben. Zwei haben sich verlobt, der dritte ist verunglückt, zwei sind nicht klug genug, und der sechste ist ein großer Schwätzer!«

»Jetzt bleiben nur noch sieben«, stellte die Großmutter fest. »Bis zum Herbst hast du Zeit, deine Wahl zu treffen. Bis dahin werden noch einige Blätter fallen.« Amira dachte hin und her, doch die Wahl fiel ihr schwer. Nach einiger Zeit kam sie auf eine hilfreiche Idee. Jedem der jungen Männer wies sie einen Wochentag zu: Talal den Montag, Nabil den Dienstag, Faisal den Mittwoch, Joussef den Donnerstag, Audeh den Freitag, Badr den Samstag und Khalil den Sonntag. So konnte sie die Anwärter auseinander halten und sie genau in der Reihenfolge betrachten.

Als die Frauen im Herbst die Zeltbahnen woben und das Getreide zu Mehl gemahlen war, wurden die Tage kürzer, und die Zeltbewohner stöhnten nicht mehr über die große Hitze. Die Großmutter erkundigte sich erneut bei Amira: »Der Sommer ist vorbei, wie weit bist du mit deiner Wahl?«

Das Mädchen lächelte: »Drei Bewerber sind übrig geblieben: Talal, Khalil und Nabil. Ich möchte alle drei heiraten!«

Der Großmutter stockte der Atem. Amira griff nach dem Sack und besprühte aus Übermut die Alte mit Wasser.

Die Großmutter richtete ihr Kopftuch und fragte: »Wie hast du die vier Bewerber ausgeschieden?«

»Einer von ihnen ist nicht großzügig. Der andere, ein Scheichsohn, wurde von seinem Vater zu sehr verwöhnt. Der dritte hat eine schrille Stimme, und der vierte kann kein Geheimnis für sich behalten.« Die Großmutter verschwand für eine Weile im Zeltwinkel und kehrte mit ihrer Kette zurück. »Diese drei Perlen sind übrig geblieben. Noch nie hat eine Braut in der Wüste drei junge Männer auf einmal im Brautzelt empfangen. Bist du von Sinnen?«

»Ich kann mich nicht entscheiden«, wiederholte Amira. »Vielleicht kann ich sie nacheinander heiraten.«

»Du bist so nahe am Ziel, meine Enkeltochter«, erwiderte die Großmutter. »Siebenunddreißig Perlen haben wir ausgefädelt. Du musst noch einmal nachdenken. Kommt Zeit, kommt Rat.«

Doch Amira hielt ihren Haarzopf fest. »Bis diese schwarzen Haare grau geworden sind, werde ich keine Wahl treffen können«, bemerkte das Mädchen. Die

Alte fasste sich ans Kinn: »Sag mir noch einmal, wer die drei jungen Männer sind.«

»Talal, Khalil und Nabil«, erwiderte Amira.

»Talal ist aus unserer Sippe. Und wer sind die anderen beiden?«

»Khalil stammt aus dem benachbarten Zeltlager, und Nabil gehört dem großen Nachbarstamm an. Er ist ein Scheichsohn.«

»Sind sie alle schön?«, erkundigte sich die Großmutter.

»Einer ist schöner als der andere!«, versicherte Amira.

»Schönheit allein reicht nicht. Sind sie auch klug?«, Amira nickte. »Khalil kann Verse dichten, Talal wird eines Tages Richter werden, und Nabil ist ein begabter Musiker«, beschrieb sie die drei.

Die Großmutter vertiefte sich in ihre Gedanken. »Sie haben alle eine Gabe«, bemerkte sie nach geraumer Zeit. »Also habe ich doch recht«, triumphierte Amira.

»Ich werde die Sache überschlafen«, sagte die Großmutter.

In dieser Nacht blieb der Schlaf den Augen der Großmutter fern. Sie setzte sich an die Feuerstelle, rauchte eine Pfeife nach der anderen und schlürfte ein Schälchen Kaffee nach dem anderen. Immer wieder trat sie, in ihren Umhang gehüllt, vor das Zelt und betrachtete den Sternenhimmel, als erwartete sie von dort Hilfe.

Als sich langsam die Nacht von dem Tag trennte und die Morgensonne ihre Strahlen über das Zeltlager warf, erwachte Amira. Sie erschrak beim Anblick der Großmutter. Die grauen Haare waren zerzaust, das Gesicht zerknittert, doch die kleinen, wachen Augen funkelten.

»Ich habe dich wie eine Tochter erzogen«, wandte sich die Alte an ihre Enkelin. »Du bist das schönste Mädchen in der Wüste. Die Brautgabe muss dieser Schönheit angemessen sein.« Die Großmutter hielt kurz inne. »Kamele, Gold- und Silbermünzen haben ihren Wert, doch sie sind vergänglich.« Die Großmutter nestelte an ihrem Kopftuch: »Höre, Amira! Wer dich zur Frau haben will, soll nicht nur die übliche Brautgabe entrichten, er soll dir eine Geschichte erzählen!«

»Eine Geschichte?«, unterbrach Amira die Großmutter. »Ja, eine Geschichte!«, bekräftigte die Alte und fuhr fort: »Gute Geschichten sind unvergänglich. Sie erfreuen das Herz der Menschen und werden von Generation zu Generation weitergetragen. Wer immer diese Geschichte hört, wird sich deiner erinnern.«

»Bei Allah, deine Weisheit ist groß!«, sagte Amira und umarmte die Alte.

»Vertraue deiner Großmutter, die einen reichen Erfahrungsschatz besitzt. Es ist langweilig, einen Mann zu heiraten, der in der Nacht neben dir liegt und im Geiste seine Kamele und Goldmünzen zählt. Einer dagegen, der Geschichten zu erzählen weiß, wird dich mit Erzählen in den Schlaf wiegen. Gibt es etwas Schöneres, als Geschichten zu lauschen?«

»Du hast recht, Großmutter. Wer die schönste Geschichte erzählen kann, soll mein Bräutigam werden.« Die Großmutter nickte. »Gib den jungen Männern Zeit bis zum Frühling. Dann sollen sie dir ihre Geschichten vortragen.« Bis dahin vergeht noch viel Zeit!, dachte die Alte bei sich und betrachtete die übrig gebliebenen Perlen. Amira ließ den drei Bewerbern ihren Wunsch übermitteln. In diesem Winter schlug der Stamm seine Zelte ab und suchte eine Gegend mit reicherer Weide auf. Die Herden vermehrten sich, und Amira wuchs eine Handbreit.

Als im Frühling die Sonne mit ihren ersten Strahlen die Erde wärmte, zog der Stamm zu seinem alten Zeltplatz zurück. Im Frühling, als das erste Grün spross und die Zicklein schlachtreif waren, feierte man gewöhnlich die Hochzeitsfeste. Auch in Amiras Stamm wurde ein großes Fest gefeiert. Der Scheich verheiratete einen seiner Söhne.

Das ganze Zeltlager war auf den Beinen, alles drehte sich um das große Fest. Solche Augenblicke sind günstig für Diebe und für Liebhaber. Während man vor dem großen Festzelt tanzte und sang und der Bräutigam zu der Braut in das Brautzelt geleitet wurde, trafen sich Amira und Talal heimlich im Palmenhain.

»Hier am Fuß dieser Palme will ich dir meine Geschichte erzählen«, flüsterte Talal. »Von alters her ist der Palmenhain heilig.«

Amira schaute sich vorsichtig um. Doch es war still

im Palmenhain, nur von fern hörte man das Singen und Trällern. Amira lehnte ihren Rücken gegen die Palme, und Talal ließ sich ihr gegenüber im Sand nieder.

»Lass hören!«, ermunterte ihn Amira. Und Talal begann zu erzählen.

Die Meeresameisen

Es war an einem Sommertag, als der alte Razik die lange Schere zur Hand nahm, um unsere Ziegen zu scheren.

Wir Jungen mochten das Ziegenscheren aus mancherlei Gründen nicht. Während die Männer die Ziegen schoren, mussten wir die Tiere festhalten. Unsere alte Ziege war besonders ungeduldig beim Scheren; darum kam sie immer als Letzte an die Reihe. Einmal, als sie verärgert ihr Hinterteil bewegte, zerteilte die Schere ihre Schwanzspitze. Und wenn die Ziegen geschoren waren, kamen wir Jungen an die Reihe. Wir fürchteten das Haareschneiden wie die Feuersglut; denn nicht nur unsere alte Ziege hatte darunter gelitten. Wir alle hatten noch die Schreie des kleinen Ibrahim in den Ohren, dem man ins Ohrläppchen geschnitten hatte, als er sich nach einem flatternden Huhn umdrehte. Es war nicht einfach, beim Scheren ungeschoren davonzukommen.

Doch der alte Razik beruhigte uns: »Ich bin der beste Haarschneider auf der Welt. In meinem langen Leben habe ich weder Ziegenschwänze noch Ohrläppchen zerteilt.«

Razik war in der Tat ein sorgfältiger Haarschneider,

doch hatte er nur zwei Haarschnitte in seinem Repertoire: den Vollmondschnitt und den Halbmondschnitt. Den Ziegen wurde der Vollmondschnitt verpasst, sie wurden kahl geschoren, denn die Ziegenhaare brauchte man allesamt für Zeltbahnen. Es war ein Schnitt, der ihre Kugelbäuche voll zur Geltung brachte. Wir Jungen dagegen bekamen den Halbmondschnitt. Razik schor uns die Seiten kahl und ließ den Rest stehen.

»Mein Halbmondschnitt ist praktisch«, pflegte er zu kommentieren. »Das kleine Dach schützt euch gegen die Sonne, und in den kahlen Seiten haben die Läuse keine Schlupfwinkel.«

Es war ein langer Tag für Razik, bis er erst die Ziegen und dann uns geschoren hatte. Am Abend hatte er Blasen an den Händen. Er freute sich darauf, im Scheichzelt gewürzten Kaffee zu schlürfen und an seiner langen Pfeife zu ziehen.

An diesem Abend lag vor unserem Zelt ein Berg von Ziegenhaaren. Beglückt prüfte meine Mutter die langen Haare, denn sie wollte eine der Zeltbahnen erneuern. Der letzte Winter hatte viel Regen gebracht, und so war die hintere Zeltbahn morsch. Es tropfte auf unsere Schlafdecken.

Nachdem Razik endlich den letzten Halbmondschnitt beendet hatte, gingen wir zum Spielen. Wir machten uns aus den Ziegenhaaren Bärte, wobei die Haare der weißen Ziege besonders begehrt waren.

Meine Mutter, die uns beim Spielen beobachtete,

klopfte dem kleinen Hassan mit seinem schneeweißen Bart auf die Schulter: »Du bist jetzt der Stammesälteste. So einen langen Bart hat niemand im Stamm.« Sie lachte: »Nun, meine Löwen, brauche ich eure Bärte. Die Zeltbahn muss lang und breit werden, damit ihr im kommenden Winter keine nassen Füße bekommt.«

Bereitwillig nahmen wir unsere Bärte ab.

Nach und nach kamen die ersten Frauen aus dem Zeltlager zu uns. Jede brachte ihre Spindel und einen Stock mit, um meiner Mutter bei der Arbeit zu helfen.

Im Licht des Vollmonds bearbeiteten die Frauen mit den Stöcken die Ziegenhaare. Sie schlugen und schlugen, und die Staubwolken stiegen in den Himmel. Die Frauen begannen zu husten. Als der Vollmond über dem Zeltdach stand, legten die Frauen ihre Stöcke beiseite und nahmen Bürsten zur Hand: »Die Ziegenhaare sind sauber und fein wie Brauthaare«, bemerkte Aischa, als sie mit ihrer Bürste über das Haar strich. »Das stimmt. Die Ziegen hatten genug Weide in diesem Jahr. Das Haar ist reich und lang«, fügte Salma hinzu.

Nachdem die Frauen das Ziegenhaar gebürstet hatten, fingen sie es an zu zupfen und rollten es dann zu Kugeln, die so groß wie Wassermelonen waren. Alte Frauen benutzten die Kugeln auch als Stütze für ihre Knie. Und wir Kinder hatten Spaß daran, diese weichen Bälle über den Sand zu rollen. Dann begannen die Frauen, Fäden zu spinnen. Die Spindeln drehten sich so schnell wie Kreisel.

»Wie lang soll die Zeltbahn werden?«, fragte Chadra meine Mutter.

»Vierzig Köpfe lang. Wie die alte Zeltbahn«, erwiderte diese.

Die alte Zeinab hatte den größten Kopf im Stamm. Und so war ihr Kopf das Längenmaß für Zeltbahnen und Teppiche. Sogar Frauen aus den benachbarten Stämmen suchten sie auf, um Maß zu nehmen. Auf diese Weise bekam sie viel Besuch, und manchmal klagte sie über Kopfschmerzen: »Es ist nicht leicht, einen großen Kopf zu haben.«

Die Frauen hatten großes Vertrauen in Zeinabs Kopf, denn er war nicht zu verfälschen wie die Waage des Goldschmieds oder das Maßband des Stoffhändlers in der Stadt. Zeinab lächelte und ließ ihre Goldzähne blitzen, wenn die Frauen mit dem Maß zufrieden waren: »Zeinabs Kopf stimmt. Die neue Zeltbahn ist genauso lang wie die Alte.«

Meine Mutter reichte Zeinab den Faden, den sie gerade gesponnen hatte. Die Alte murmelte und wickelte den Faden um ihren dicken Kopf. »Vierzig Köpfe. Wie die letzte Zeltbahn«, sagte sie und legte den Faden zur Seite. Zeinab kannte alle Zelte des Stammes.

Nach einer Weile nahmen Chadra und meine Mutter den Faden und legten ihn über die alte Zeltbahn. Sie zogen an beiden Enden. »Na, Zeinab, das Maß stimmt nicht! Beginnt dein Kopf zu schrumpfen?«, scherzte Chadra mit der Alten.

Zeinab war erstaunt. »Das kann nicht sein. Gib den Faden her«, sagte sie und nahm erneut Maß.

»Es sind nur neununddreißig Köpfe«, murmelte sie. »In meinem langen Leben habe ich mich noch nie verzählt. Das darf nicht wahr sein«, und sie schüttelte ihren großen Kopf.

Hassan begann zu prusten.

»Dieser kleine Satan!«, schimpfte die Alte.

»Ich habe den Faden um einen Kopf kürzer gemacht«, gestand der Kleine und schlüpfte unter die Decke. Zeinab zog mit der kleinen Feuerzange ein glühendes Kamelmistbällchen aus dem Feuer und setzte es auf ihre Pfeife. Sie nahm ein paar schnelle Züge und blies die Rauchwolken in die Luft. Der große Kopf beruhigte sich langsam, und die Frauen setzten das Spinnen fort. »Die Zeltherrin soll uns jetzt etwas erzählen. Ich habe meinen Kopf für heute genug angestrengt«, sagte die alte Zeinab.

»Du hast recht. Eine Geschichte wird deinen Kopf entspannen«, bekräftigte Chadra.

Die Mutter nickte. Und Hassan, der sich unter der schützenden Decke verkrochen hatte, lugte hervor. »Der kleine Fuchs darf die Geschichte mithören«, sagte Zeinab.

Wir waren gespannt, denn meine Mutter war eine Meisterin im Erzählen.

»Zum Erzählen gehört Kaffee«, sagte sie. »Kaffee macht den Kopf klar.«

Getrocknete Kameläpfel wurden ins Feuer geworfen. Man röstete Kaffeebohnen in der Pfanne und zerstampfte sie im Mörser, und bald thronte die alte Kaffeekanne mit dem langen Schnabel über den glühenden Kameläpfeln. Es brodelte in der Kanne, und der Duft von Kaffee und Kardamom erfüllte das Zelt. Die ersten Schälchen wurden gereicht. Uns Kindern hatte Salma süßen Tee mit Nelken zubereitet.

Für eine Weile legten die Frauen die Spindeln beiseite und genossen das heiße Gebräu. Die Blicke der Anwesenden richteten sich auf die Erzählerin.

Sie schlürfte ihren Kaffee, dann begann sie:

Ich werde euch heute die Geschichte von den Scheichs und den Meeresameisen erzählen. Beim Spinnen habe ich mich an diese Geschichte erinnert.

Wie ihr wisst, stammt der Name der Stadt Gaza von dem Wort *djzeh* ab, das »Wolle eines Schafes« bedeutet. In Gaza werden bunte Teppiche hergestellt. Von alters her besuchen die Beduinen den großen Bazar der Stadt.

In früheren Zeiten machten die Kamelkarawanen in Gaza halt. Sie kamen von fernen Ländern über die Weihrauchstraße, beladen mit Stoffen, Gewürzen, Kaffee, Weihrauch und noch vielen anderen Kostbarkeiten.

Kurz vor meiner Hochzeit nahm mich mein Vater einmal mit nach Gaza auf den großen Bazar. Er kaufte mir goldene Ohrgehänge und Armreifen, Stoffe aus Seide und einen Umhang.

Da habe ich zum ersten Mal das blaue Wasser des Meeres gesehen.

Vor vielen, vielen Jahren wurde in dieser Stadt ein neuer Herrscher, ein Pascha, ernannt. Als er sein Amt antrat, machte er zahlreiche Rundgänge durch die Gassen der Stadt. Er besichtigte den Hafen, das Weberviertel und auch den großen Bazar. Der Pascha war verwundert, in der Stadt so vielen Beduinen und Kamelen zu begegnen. Sie erinnerten ihn an die Zeit seiner Kindheit und an die Geschichten seiner Mutter. Oft hatte sie ihm von den Wüstensöhnen erzählt. Wenn er abends nicht zu Bett gehen wollte, hatte ihm die Mutter gedroht: »Geh zu Bett, bevor der Beduine kommt und dich verschlingt.« Und die Worte hatten gewirkt. Blitzschnell war er unter die Decke geschlüpft.

Diese Erinnerungen aus seiner Kindheit standen ihm vor Augen, als er auf dem Kamelmarkt mit den Beduinen plauderte. Gerne lauschte er den Erzählungen der Wüstenbewohner, und nach und nach gewann er Vertrauen zu ihnen. Und so machte er es sich zur Gewohnheit, den wöchentlichen Kamelmarkt aufzusuchen.

Eines Tages saß der Pascha auf seiner Veranda und sprach bei sich: »Die Beduinen bringen Kamele und Schafe in die Stadt, und sie nehmen Stoffe, Kaffee und Schmuck mit sich in die Wüste. Der Handel mit den Beduinen ist für unsere Stadt wichtig. Es wäre klug, ihre Stammesführer einzuladen. Ich will sie köstlich bewirten, und die Alten können mir Geschichten erzählen.«

So schickte er eine Botschaft zu den Scheichs der Beduinen. Der Gesandte ritt auf seinem Maulesel von Zeltlager zu Zeltlager und tat den Scheichs die Nachricht kund.

Diese nahmen die Einladung erfreut an. »Eure Großzügigkeit ehrt uns«, ließen sie den Pascha wissen. Der bevorstehende Besuch war ein unerschöpfliches Thema im großen Scheichzelt. Am nächtlichen Feuer überlegten die Beduinen bis spät in die Nacht, was sie dem Gastgeber zum Geschenk machen könnten. »Das Geschenk muss ehrenhaft sein«, sagte einer der Alten. »Mein Kamel hat das letzte Rennen gewonnen. So ein edles Tier wird das Herz des Paschas erfreuen!«

»Was soll der Pascha mit einem Rennkamel? Soll er in den engen Gassen des Bazars ein Rennen veranstalten?«, wandte ein anderer ein.

»Ich habe von meinem Urgroßvater einen Dolch geerbt. Er ist mit Silber beschlagen und mit Perlen besetzt. Der Pascha wird stolz darauf sein«, schlug ein anderer vor.

»Der Pascha ist von seiner Leibwache umringt. Er trägt keinen Dolch«, gab ein Scheich zu bedenken. »Ich habe einen besseren Vorschlag«, warf ein anderer ein. »Arabische Stuten werden teuer gehandelt auf den Märkten Arabiens. Meine Stute ist von edlem Geblüt, sie lässt ihren Reiter nicht im Stich. In der Schlacht hat sie mich dem Mund des Todes entrissen.«

»Du bist großzügig«, lobten ihn die anderen. »So

ein Geschenk würde sogar einem Sultan zur Ehre gereichen.«

Am folgenden Tag begannen die Reisevorbereitungen. Schläuche voll Wasser aus den Brunnen wurden in die Zeltlager geschleppt. Die Frauen machten sich ans Werk. Sie wuschen Gewänder und Kopfbedeckungen. Die Scheichs pflegten ihre Bärte und schrubbten ihre Füße. Sie flochten ihre langen schwarzen Haare zu Zöpfen und schminkten die Augen mit Kajal.

Als der nächste Tag anbrach, setzte sich eine lange Karawane von Reitern, geführt vom Oberscheich, in Bewegung.

Währenddessen ließ der Pascha seinen Koch zu sich rufen. »Mustafa!«

»Zu Diensten, Effendi!«

»Höre, wir erwarten Gäste aus der Wüste. Ich habe die Führer der Stämme zu mir eingeladen. Meine Gäste sollen auf das Köstlichste bewirtet werden.«

»Ich höre und gehorche. Ich werde meine Kochkunst beweisen. Die Gäste des gnädigen Paschas werden sich die Finger lecken.« Er holte tief Luft: »Ein guter Koch ist nie um einen Einfall verlegen.« Er verbeugte sich und ging.

Mustafa lehnte sich aus dem Fenster der Küche und ließ seine Blicke schweifen. Er betrachtete die Fischerboote und lauschte dem Rauschen des Meeres. Nachdenklich wiegte er seinen Kopf hin und her: »Womit könnte ich die Söhne der Wüste überraschen? Kamelfleisch zuzubereiten habe ich nicht gelernt, davon steht nichts in meinem Kochbuch. Und Lammfleisch haben sie zur Genüge.«

Während der Koch in seine Gedanken vertieft war, begab sich der Pascha in den Hamam. Er nahm ein Bad, ließ sich massieren und mit Duftwasser besprühen. Dann legte er ein Seidengewand an und setzte seinen Fez auf. Er ließ sich im Diwan, seinem Empfangsraum, nieder. Die Diener brachten ihm eine Wasserpfeife, und der Pascha begann, genüsslich am langen Schlauch zu ziehen.

Die Glut auf dem Kopf der Pfeife war noch nicht erloschen, als der Hausdiener in den Diwan gerannt kam. »Eine Karawane! Kamelreiter kommen auf das Haus zu!«, stammelte er.

»Beruhige dich, Aziz. Es sind sicher unsere Gäste.« Der Pascha lächelte. »Aziz, hat dir deine Mutter, als du klein warst, auch gesagt, du sollst zu Bett gehen, bevor der Beduine kommt und dich verschlingt?«

Aziz errötete. »O gnädiger Pascha! Dein Wissen ist groß.«

Inzwischen hatte die Kamelkarawane das Haus erreicht. Der Pascha erhob sich, um seine Gäste zu empfangen: »*Ahlan wa sahlan,* die Gäste seien willkommen. Euer Besuch ehrt mich und meine Stadt.«

Die Kamele knieten nieder, und die Scheichs stiegen ab. Der Gastgeber begrüßte einen nach dem anderen mit einem warmen Händedruck.

Danach geleitete der Pascha die Scheichs in den Diwan. Nachdem die ersten Kaffeeschälchen die Runde gemacht hatten, kam der Hausdiener außer Atem angerannt. »Effendi! Die Kamele! Sie weiden im Garten. Meine Artischocken, meine Gurken! Und fast hätte mich ein altes Kamel gebissen!«

»Sei unbesorgt, Aziz«, besänftigte ihn der Pascha. »Nimm diese Münzen und besorge Futter für die Kamele.«

Die Scheichs schmunzelten.

Der Oberscheich wandte sich an den Gastgeber: »Allah möge deine Gastfreundschaft belohnen und dir ein langes Leben schenken. Gerne sind wir deiner Einladung gefolgt. Seit alters sind unsere Stämme mit der Stadt Gaza freundschaftlich verbunden. Unsere Vorfahren besuchten den großen Bazar von Gaza und verkauften ihre Kamele und Salz. Und sie füllten ihre Satteltaschen mit Kostbarkeiten aus der Stadt.« Der Oberscheich hielt kurz inne und fuhr dann fort: »Als Zeichen unserer Verbundenheit mit Euch und dieser Stadt haben wir ein ehrenhaftes Geschenk mitgebracht, eine edle arabische Stute.« Und auf Geheiß des Oberscheichs führte einer der Gäste die Stute vor.

Der Pascha war beeindruckt. Die Stute hatte ein Fell wie schwarz glänzende Seide. Ihr langer Schweif berührte fast den Boden, und ihre Stirn und ihre Fesseln waren weiß gezeichnet. Der Pascha erhob sich: »Fürwahr ein ehrenhaftes Geschenk. Der edle Nacken dieser

Stute wird mir Glück bringen. Ich werde sie wie meinen Augapfel hüten. Den Söhnen der Wüste sei Dank für diese Kostbarkeit.«

Während der Pascha die Stute bewunderte, sprach einer der Gäste, der Pferderichter war: »Schon mein Vater war ein Pferderichter. Er war bekannt. Er wusste über Pferde Bescheid wie kein Zweiter. Diese Stute entstammt einer berühmten Familie arabischer Pferde, den Machladeyeh. Pferde sind kostbar. Wie sagten unsere Vorfahren? Drei Dinge verleiht der Beduine nicht: seine Frau, seine Stute und sein Schwert.«

Der Pascha nickte; ein Lächeln huschte über sein Gesicht. Und der Pferderichter erzählte dem Pascha noch vieles von der Pferdezucht bei den Arabern.

Nachdem die edle Stute in den Pferdestall geführt worden war, ließ der Pascha eine neue Runde Kaffee und Süßigkeiten servieren. Eine frische Meeresbrise strich durch den Diwan, und die Gäste fühlten sich zunehmend wohler.

Der alte Märchenerzähler des Stammes fing an zu erzählen, und der Gastgeber lauschte mit Hingabe den spannenden Geschichten. Der Alte erzählte und erzählte; er war unermüdlich. Eine Geschichte nach der anderen fädelte er wie Perlen auf eine Kette. Die Zeit verging.

»Der Märchenerzähler hat das Herz des Paschas gewonnen«, flüsterte der Stammesrichter dem Oberscheich ins Ohr. »Der Alte schöpft aus einem tiefen

Brunnen. Wenn er so weitererzählt, kommen wir heute nicht mehr zum Essen. Mein Magen knurrt.«

»Nicht nur der deine. Hörst du nicht, wie der Magen des alten Scheichs murmelt?«

Der Erzähler hatte gerade die Geschichte von dem Weihrauchhändler beendet, als der Koch erschien. Der Stammesrichter und der Oberscheich schöpften Hoffnung.

»Das Mahl ist bereitet«, verkündete der Koch.

Der Pascha erhob sich: »Die teuren Gäste mögen sich in den Speisesaal begeben.«

Die Gäste ließen sich nicht zweimal bitten. Sie zupften an ihren Umhängen und folgten dem Pascha. Als sie den Saal betraten, waren sie geblendet. Sie erblickten eine lange Tafel, bedeckt mit weißem Damast. Silberne Schüsseln, Silberbesteck und Teller aus goldumrandetem Porzellan schmückten die Tafel. Gebinde aus Nelken, Jasmin und Rosen erfüllten den Raum mit ihrem Duft.

Stolz legte der Gastgeber seine Hand auf die Schulter des Kochs und sprach zu den Scheichs: »Darf ich euch Mustafa, meinen Koch, vorstellen. Er hat die berühmtesten Schulen besucht. Ihr dürft gespannt sein auf seine Kochkunst.« Dann wandte der Pascha sich an den Koch: »Und nun, Mustafa, sind wir auf deine Speisen neugierig.«

Der Koch war sich seiner Sache sicher. Stolz schritt er die Tafel ab, hob da einen Deckel hoch und dort einen, und die Scheichs folgten ihm einer nach dem anderen. Der Koch erklärte: »Hier sind Hummer, dort Muscheln. Hier haben wir gebratene Seezunge und dort gegrillte Sardinen. Und das hier ist eine köstliche Suppe aus Haifischflossen.« Er hielt inne. »Die Schätze des Meeres liegen vor euch!«

Das Gesicht des Gastgebers strahlte vor Stolz. Die Augen der Scheichs wurden groß wie Kaffeeschälchen, als sie die Silberschalen mit Fischgerichten sahen. Einige rümpften die Nase.

Der Pascha unterbrach die Stille: »Mustafa, du hast dich heute selbst übertroffen!«

»Dieses Menü zierte einst die Tafel eines Sultans«, sprach der Koch und machte eine tiefe Verbeugung. Die Scheichs blieben wie angewurzelt vor einer der Schalen stehen. Der Oberscheich wandte sich an den Koch: »Woher hast du diese Schlangenbrut?« Der Koch erstarrte. »O gnädiger Scheich, das sind keine Schlangen«, stammelte er. »Es sind fangfrische Aale.« Hilfe suchend blickte er zum Pascha.

Dieser griff in die Schale und hob einen Aal hoch. »Es ist eine Delikatesse!«

Die Scheichs sahen ihn ungläubig an. Schnell nahm der Pascha eine andere Schale. »Seht diese kleinen, zarten Krebse. Sie schmecken köstlich. Ihr müsst sie probieren.«

Der Oberscheich verzog den Mund, und mit einem verächtlichen Blick auf den Koch sagte er: »Was für ein

Gewürm. Wir sind Söhne der Wüste! Wir essen keine Meeresameisen!«

Stolz erhobenen Hauptes verließ der Oberscheich den Speisesaal, und die Stammesführer folgten ihm. Ohne Umschweife suchten sie den Metzger auf dem Bazar auf.

»Grille diese zwei Hammel für die Scheichs«, trug ihm der Oberscheich auf. »Aber beeile dich, wir haben Hunger.«

Als die Erzählerin geendet hatte, lachte die Runde. Zeinab bewegte ihren großen Kopf hin und her. »Der Gastgeber kannte die Sitten und Gebräuche der Wüste nicht«, und sie fügte hinzu: »Der arme Koch hat es bestimmt gut gemeint.«

Nach Talal meldete sich Khalil bei Amira. Er ließ ihr ausrichten, am Rande des Stammeslagers wolle er ihr seine Geschichte erzählen.

Am verabredeten Abend verabschiedete sich Amira von den Zeltbewohnern und gab an, sie sei von ihrer Freundin Huda zum Hennafest eingeladen worden. Heimlich begab sie sich zum Fuß des nahe gelegenen Hügels.

Khalil erwartete sie bereits. »Hier, im Zelt der Träume, sollst du meiner Geschichte lauschen«, empfing er das Mädchen.

Er hatte seinen Stock in den Sand gesteckt, seinen

Umhang darübergebreitet und die Seiten mit Steinen beschwert. Den Boden des kleinen Zeltes hatte er mit einem Teppich ausgelegt.

»Nimm Platz!«, bat er Amira und bot ihr getrocknete Feigen und Nüsse zum Naschen an.

Amira schaute Khalil erwartungsvoll an: »Lass hören, was du mir im Zelt der Träume zu erzählen hast.«

Die Ziegen des glücklichen Arabien

Zwei Jahre war der Regen dem Stammesgebiet ferngeblieben. Eines Abends versammelten sich die Männer des Stammes im Scheichzelt, um über die Dürre zu beraten.

»Diese verfluchte Trockenheit nimmt kein Ende. Meine Ziegen sind halb verhungert. Mit meiner Herde streife ich von Schlucht zu Schlucht. Es gibt kaum noch Weidegründe«, klagte ein Ziegenhirte. Ein anderer Hirte pflichtete ihm bei: »Die Tiere geben kaum noch Milch. Heute sind drei Zicklein verendet. Meine Mutter hat schon die Säckchen für den Ziegenkäse zusammengefaltet. Zwei Frühlinge sind nun vergangen, seit sie den letzten leckeren Käse für uns zubereiten konnte.«

Scheich Zayed suchte die Hirten zu besänftigen: »Das Land Jemen ist berühmt für seine Fruchtbarkeit. Seit alters wird hier der Kaffeebaum angepflanzt. Es gibt reichlich Regen, Pflanzen und Tiere gedeihen. Nicht umsonst nennt man unser Land das glückliche Arabien. Bestimmt finden wir in einer anderen Gegend Weide für unsere Herden.«

Der Stammesälteste heftete seinen Blick auf die

Kundschafter des Stammes, dann sprach er: »Unsere Hoffnungen richten sich auf euch. Ihr müsst unsere Herden retten.«

Es herrschte Stille im Scheichzelt. Einer der Angesprochenen räusperte sich. »Wenn der Stamm es wünscht, werden wir nach Futterplätzen Ausschau halten.«

Die Runde freute sich. »Wir werden eure Rückkehr mit großer Hoffnung erwarten«, sagte der Scheich. Die Hirten waren besonders froh über die Worte des Kundschafters. Bis spät in die Nacht unterhielt man sich über das Vorhaben.

Am nächsten Morgen sattelten die drei Kundschafter des Stammes ihre Kamele. Sie füllten die Satteltaschen mit Datteln und befestigten die Wassersäcke und ihre Waffen an den Reitsätteln. Frauen, Männer und Kinder standen vor den Zelten und beobachteten die Vorbereitungen für den Aufbruch.

Die drei Kundschafter, Hassan, Ismael und Harb, verabschiedeten sich von ihren Sippen und bestiegen ihre Kamele.

»Allah und der Stammesahn mögen eure Reise segnen! Wir werden im Zeltlager auf eine glückliche Nachricht von euch warten«, rief Scheich Zayed, als sich die Kamele in Bewegung setzten.

Die Zeltbewohner begleiteten die Reiter mit ihren Blicken, bis die kleine Karawane hinter der Schlucht verschwunden war.

Die Trockenheit beschäftigte nicht nur die Menschen, sondern auch die Tiere.

Eine Ziege klagte: »Mein Bauch ist leer, ich habe kaum noch Milch für meine Zicklein. Auch Fatima lässt mir keine Ruhe, immer wieder drückt sie meinen Euter, weil sie Milch für ihre Kinder sucht.«

Eine andere Ziege, die schon betagt war, beschwichtigte sie: »Sind wir Ziegen nicht ausdauernd und genügsam?« Sie reckte ihren schlanken Hals und spuckte in weitem Bogen einen angefaulten Halm aus. »Wir sind nicht so verwöhnt wie die Schafe. Sie sind Städter und brauchen mehr Pflege und Futter. Und im Übrigen gibt es Hoffnung«, setzte sie hinzu. »Gestern habe ich die Gespräche der Männer im Scheichzelt belauscht. Die Kundschafter sind bereits auf der Suche nach einem Weideplatz.«

Und der Bock bestätigte: »Ich habe die drei Reiter gesehen, als sie das Zeltlager verließen.«

Es verstrichen Tage und Wochen, und die Herden des Stammes wurden immer kleiner. Am nächtlichen Feuer beklagten die Hirten, dass die Euter der Ziegen eingefallen waren und leeren Säcken glichen. Die Kinder verlangten nach Milch, doch die Frauen konnten aus den Eutern der Tiere nichts mehr herauspressen. Die Stimmung war gedrückt.

»Wir können nichts unternehmen, solange unsere Kundschafter nicht zurückgekehrt sind. Sie kennen die

Gegend. Wir müssen abwarten«, vertröstete Scheich Zayed seine Stammesbrüder.

»Bald kommt der dritte Vollmond, und die Kundschafter sind immer noch nicht zurück. Wie lange sollen wir noch warten? Meine Ziegen verenden!«, ereiferte sich ein Hirte.

»Ziegen! Du denkst nur an deine Ziegen«, empörte sich der Sohn eines Kundschafters, und seine Augen funkelten. »Mein Vater Hassan ist mit Ismael und Harb unterwegs. Der Weg ist gefährlich. So sehr haben sich die Kundschafter noch nie verspätet. Vielleicht ist ihnen etwas zugestoßen?«

»Ruhe, mein Sohn! Geduld ist weise«, wies der Stammesrichter den Heißsporn zurecht. »Unsere Kundschafter sind tapfere Männer, und wir haben keine Blutrache zu befürchten. Bestimmt müssen sie eine lange Wegstrecke zurücklegen. Mein Vater war auch Kundschafter, und er hat mir viel von den beschwerlichen Reisen erzählt. Es gilt nicht nur, tagelang im Sattel zu sitzen und die Hitze zu ertragen, man muss auch räuberische Überfälle fürchten. Bisweilen sind die Kamele müde, und die Männer müssen zu Fuß gehen.« Und der Stammesälteste, der sich gerade eine Pfeife anzündete, fügte hinzu: »Ein Kundschafter ist wie ein Händler. Er reitet von Stamm zu Stamm, er muss gut reden und klug verhandeln können. Manchmal findet er Weidegrund, doch der dortige Stamm lehnt sein Ersuchen ab. Dann muss er weiterreiten. Diese Aufgabe ist schwierig und erfordert viel Zeit, Erfahrung und Geduld. Ein Kundschafter muss die Geduld eines Kamels haben.«

»Seid unbesorgt«, schaltete sich der Scheich ein. »Die Kundschafter sind tapfere Männer. Sie werden bald zurück sein.«

Es vergingen weitere Tage, und der Stamm wartete und wartete. Eines Abends, als die Männer gedankenverloren um die Feuerstelle hockten, trat eine Frau ins Männerzelt.

»Sei willkommen und gegrüßt in meinem Zelt«, empfing sie Scheich Zayed. »Was führt dich zu uns?«

»Heute Mittag nach der Zeltarbeit habe ich geschlafen. Im Traum sah ich meinen Mann Hassan von einer langen Reise zurückkehren. Er trug ein weißes Gewand«, berichtete die Frau.

»Dein Traum erfreut das Herz. Das weiße Gewand kündigt eine gute Weide an. Allah und der Stammesahn mögen deine Tage verlängern und deinen Traum in Erfüllung gehen lassen!«, rief der Stammesälteste.

Der Traum verbreitete sich wie ein Lauffeuer, und Hoffnung kam auf im Zeltlager.

Am nächsten Tag beim Morgenkaffee, als die Sonne ihre goldenen Strahlen über die schwarzen Zelte des Stammes warf, sprach man von nichts anderem als dem Traum.

»Meine kleinen Löwen, lauft auf den Hügel und haltet Ausschau nach den Reitern«, sagte Scheich Zayed zu den Kindern und verteilte Rosinen. Die Kinder schwärmten aus. Die größeren liefen auf den Hügel, die kleineren häuften Steine aufeinander und kletterten auf die Steinhaufen, und die kleinsten stellten sich auf die Zehenspitzen und reckten die Hälse.

Der Scheich begann, Kaffeebohnen zu rösten. »Die Kundschafter werden sich nach Kaffee sehnen. Ich kenne Ismael, er kann eine ganze Schnabelkanne leer trinken.«

Die Morgensonne stand gerade über der vorderen Zeltstange, als Reiter am Horizont auftauchten. »Die Kundschafter! Die Kundschafter!«, riefen die Kinder und rannten zum Scheichzelt zurück.

»Bei Allah, diese Frau gleicht der berühmten Hellseherin des Jemen, Zarqa al Yamama«, bemerkte der Stammesdichter.

Das laute Trällern der Frauen empfing die Kamelreiter. Die Hirten umringten die Ankömmlinge und bestürmten sie mit Fragen: »Was habt ihr zu berichten? Habt ihr Weidegrund gefunden?«

»Weide! Weide! Die Herden sind gerettet!«, rief Ismael und schwenkte seine Kopfbedeckung durch die Luft. Im Nu erreichte die Nachricht alle Zeltbewohner. Der Scheich empfing die Kundschafter in seinem Zelt. »Unsere Herden sind gerettet. Wir sind auf reiche Weidegründe gestoßen. Die Zicklein werden groß und kräftig werden und die ausgemergelten Ziegen bald pralle Bäuche haben. Milch wird es in Hülle und Fülle geben«, verkündete Hassan und streckte seine Beine aus.

Scheich Zayed griff nach der Schnabelkanne: »Ihr habt einen starken Kaffee verdient.«

Die Hirten, die ausgelassen getanzt hatten, setzten sich zu den Ankömmlingen. »Wo liegt die Weide?«, wollte ein junger Hirte wissen.

»Der Weideplatz ist weit von hier. Wir haben das Reich der Königin von Saba in allen Richtungen durchstreift, und wir haben die Ruinen des Marib-Dammes überschritten. Erst nach langer Suche hat uns ein Stamm das Weiderecht in seinem Gebiet gewährt«, antwortete Harb und setzte das Kaffeeschälchen an die Lippen.

»Wann schlagen wir die Zelte ab und brechen auf?«, wandte sich der junge Hirte an den Scheich.

»Morgen früh«, entschied Scheich Zayed und fuhr fort: »Die Kundschafter sollen sich in ihren Zelten von der beschwerlichen Reise ausruhen, damit sie morgen die Karawane anführen können.«

So begaben sich die Kundschafter zu ihren Frauen. »Ich war in Sorge um dich«, sagte Hassans Frau, als er zu ihr ins Zelt trat.

»Die Reise war lang und hart. Die Datteln gingen zur Neige, und das Wasser wurde knapp. Räuber wollten uns die Kamele abjagen, doch wir konnten sie vertreiben«, erzählte Hassan mit stolzgeschwellter Brust.

»Ich werde dich mit der Bürste schrubben, dann können wir uns auf dem Lager ausruhen«, sagte die Frau und strich ihrem Mann sacht über den Haarzopf.

Die Hirten beobachteten ungeduldig den Lauf der

Sonne. Der Tag erschien ihnen länger als sonst. Als die Sonne endlich am Horizont versank, atmeten die Hirten auf. Doch in dieser Nacht war an Schlaf nicht zu denken. Die Frauen sangen, und die Männer tanzten. Auch die Kinder blieben auf. Die Freude über die bevorstehende Wanderschaft vertrieb den Schlaf aus den Augen.

Schon vor Tagesanbruch war das gesamte Zeltlager in Aufbruchstimmung. Allenthalben herrschte großes Treiben, Jung und Alt war auf den Beinen.

Die schwarzen Zelte wurden abgeschlagen. Zeltstangen fielen krachend zu Boden, laut bellend liefen die Hunde hin und her. Die Frauen schütteten Wasser über die tief im Boden verankerten Zeltpflöcke, um sie leichter herausziehen zu können. Manche Kamele zeigten sich störrischer als Esel. Sie waren kaum zu bewegen, sich zum Beladen niederzuknien. Neben den Feuerstellen sah man die Alten wie Wüstenfüchse nach den versteckten Säckchen mit Goldmünzen graben.

Noch bevor die Sonne hinter den Hügeln hervorkroch und ihre ersten Strahlen auf das Zeltlager warf, setzte sich die Karawane, geführt von den Kundschaftern, in Bewegung. Den schwer beladenen Kamelen folgten die Ziegen. Die Hirten sangen oder spielten auf ihren Flöten, um die Tiere zum Laufen zu ermuntern.

So wanderte die Karawane bei Tag und lagerte in der Nacht. Der Stamm durchstreifte Sanddünen und überquerte Ebenen, ohne Weideland zu erspähen.

»Wie lange müssen wir noch laufen?«, beschwerte sich der alte Ziegenbock. »Meine Beine wollen mich nicht mehr tragen. So eine weite Wanderschaft habe ich noch nie gemacht. Und das Ganze mit leerem Bauch. Während wir laufen müssen, hockt der alte Hassan auf seinem Kamel, er hat es gut.« Der Ziegenbock hustete und ließ einen schwachen Furz, dann setzte er hinzu: »Hoffentlich hat sich der alte Kundschafter nicht geirrt.«

»Du hast es gerade nötig zu jammern!«, fuhr ihn eine Ziege an. »Du musst weder Zicklein säugen noch für die Kinder von Fatima sorgen.«

Von Tag zu Tag wurden die Tiere schwächer. Nur mühsam bewegte sich die Karawane vorwärts. Viele der halb verhungerten Tiere blieben am Wegrand liegen. Einem alten Ziegenhirten rollten die Tränen über die Wangen: »Die Wölfe und Schakale haben es gut. Hier liegen mehr Kadaver, als sie verschlingen können.«

»Mein Bruder«, sagte der Stammesrichter und klopfte dem Hirten auf die Schulter. »Die Wüste hat ihre eigenen Gesetze. Sie ist hart, aber gerecht. Auch die wilden Tiere wollen leben. Jetzt lachen die Schakale, und du weinst, doch irgendwann dreht sich der Wind. Du wirst lachen, und die Schakale werden heulen. Du wirst sehen, wenn wir die Weide erreicht haben, wird sich deine Herde rasch vermehren.«

Nach elf Tagesmärschen erblickten die Hirten in der

Ferne grüne Weiden. Sie wollten ihren Augen kaum trauen.

»Bald sind wir am Ziel unserer Reise«, rief Ismael von seinem Reittier herab. »Seht ihr die Bergkette?«

Wie gebannt starrten die Hirten auf das Grün. Die Frauen begannen zu trällern.

Als sie näher kamen, erkannten die Weidesuchenden die Berge des glücklichen Arabien, die gesäumt waren von zahllosen Terrassen.

»Dort hinten am Bergrücken werden wir unsere Zelte aufschlagen«, entschied Scheich Zayed.

Als die Karawane den Berg erreicht hatte, hielt sie an. Männer und Frauen machten sich sogleich an das Aufschlagen der Zelte, während die Hirten mit ihren Herden zur Weide zogen. Beim Anblick des saftigen Grüns warf Khaled, ein junger Hirte, seine Kopfbedeckung in die Luft. »Hier werden unsere Ziegen schnell wieder zu Kräften kommen«, jubelte er. »Auf so einem Weideplatz werden die Ziegen zweimal im Jahr werfen.«

Unterdessen begannen die Ziegen zu fressen. Eine erinnerte sich an ihre verendeten Zicklein. »Es schmerzt mich, dass meine Zicklein diese saftigen Kräuter nicht mehr fressen können.«

Eine andere Ziege suchte sie zu trösten. »Du bist noch jung und wirst noch viele Zicklein werfen.« Schwere Zeiten für den Bock, dachte sie bei sich, die jungen Ziegen werden ihm keine Ruhe lassen.

Als die Zelte aufgeschlagen waren, versammelten sich die Männer im Scheichzelt. Vom Zelteingang aus betrachteten sie die weidenden Tiere. Die Ziegen kletterten immer höher in die Berge. Scheich Zayed nickte zufrieden. Er wandte sich suchend um. »Wo ist die Kaffeekanne?« Er kramte kurz in seiner Satteltasche, dann fand er sie.

Die Frauen schickten die Kinder aus, um getrocknete Ziegenperlen zu sammeln, und als genügend beisammen waren, fachte der Stammesälteste ein Feuer an. Über den glühenden Ziegenperlen röstete er in einer Pfanne die Kaffeebohnen, die er sodann in einem Mörser zerstampfte. Der Rhythmus des Mörsers, den der Stammesdichter mit seinem Gesang begleitete, hallte in den nahen Bergen wider.

Das Stampfen des Mörsers war auch im benachbarten Zeltlager zu hören. »Dieser Rhythmus ist mir fremd«, bemerkte ein alter Zeltbewohner.

»Die Weidesuchenden sind da. Wir wollen die neuen Nachbarn aufsuchen und sie in unserem Stammesgebiet willkommen heißen«, sagte der Scheich.

Während der Scheich und die Stammesältesten sich auf den Weg zu den Neuankömmlingen machten, köchelte dort der gewürzte Kaffee auf dem Feuer und erfüllte das Zelt mit seinem Duft.

»Seht ihr die großen Luftblasen im Kaffee? Bald bekommen wir Besuch«, bemerkte der Stammesdichter.

Scheich Zayed und seine Männer warteten, bis der Kaffee sich in der Kanne ausgeruht hatte. Da erschienen auch schon die Gäste.

»Das ist der Scheich mit den Stammesältesten, die uns das Weiderecht auf ihrem Land gewährt haben«, erklärte Hassan.

Die Männer erhoben sich, um die Gäste vor dem Zelt gebührend zu empfangen.

»Willkommen! Willkommen in meinem Zelt!«, rief Scheich Zayed.

Man rollte die bunten Teppiche aus, und die Besucher nahmen Platz.

»Die Luftblasen im Kaffee haben euer Kommen bereits angekündigt«, nahm der Scheich die Unterhaltung auf. »Wir haben den Klang des Kaffeemörsers vernommen. Ihr und eure Herden seid in unserem Stamm herzlich willkommen! Wir sind gekommen, um euch nach der langen Wanderschaft zur Ankunft zu beglückwünschen«, erwiderte einer der Gäste.

»O Bruder, dein Herz ist groß, und deine Worte schenken unseren Tieren das Leben. Wir danken dir und deinem Stamm für die Gewährung des Weiderechts. Andere Stämme haben unsere Bitte abgelehnt«, entgegnete Hassan, der älteste Kundschafter.

Inzwischen hatte sich der Kaffee in der Schnabelkanne ausgeruht. In hohem Bogen goss der Stammesälteste Kaffee in ein Schälchen, setzte es an die Lippen und trank es in drei Schlucken leer. Alle Blicke waren auf ihn gerichtet. Er nickte. »Der Kaffee ist reichlich gewürzt. Er macht den Kopf klar.«

Der Kaffee wurde dann den Gästen reihum eingeschenkt. Nach dem dritten Schälchen machte jeder der Gäste ein Zeichen, dass er genug getrunken hatte. Nach den Gästen schlürften die Männer des Zeltlagers ihren Kaffee.

Ein Kind, das vom Schoß seines Vaters aus die Besucher beobachtete, fragte den Vater: »Warum trinkt jeder Gast nur drei Schälchen Kaffee?«

»So ist es Sitte«, erklärte der Vater. »Das erste Schälchen ist das Gastschälchen. Hat der Besucher das erste Schälchen getrunken, so steht er unter dem Gastrecht. Das bedeutet: Der Ankömmling ist in die Gemeinschaft aufgenommen, und der Gastgeber muss für das Leben und die Sicherheit seines Gastes Sorge tragen. Wird der Besucher bestohlen, haftet der Zeltinhaber für den Verlust. Der Gastgeber hat vielerlei Pflichten gegenüber seinem Besucher. Fühlt sich der Gast im Scheichzelt wohl, nimmt er das zweite Schälchen zu sich. Man nennt es das Genussschälchen. Der Gast genießt die Gastfreundschaft und die Großzügigkeit der Zeltbewohner. Dann folgt das dritte Schälchen, das Schwertschälchen. Mit diesem Schälchen verpflichtet sich der Gast, seinem Gastgeber gegenüber Verantwortung zu übernehmen. Im Falle eines Überfalls muss der Besucher mit seinem Schwert dem Zeltinhaber zur Seite stehen. Dieses Schälchen drückt das brüderliche

Gefühl zwischen Gast und Gastgeber aus. Weigert sich ein Gast, das dritte Schälchen anzunehmen, stellt er sich als Feigling bloß. Er denkt nur an seine Vorteile und will keine Nachteile in Kauf nehmen. Ein ehrenwerter Gast gibt nach dem Schwertschälchen ein Zeichen, dass er genug getrunken hat. Versäumt er diese Geste, so schenkt der Gastgeber ein viertes Schälchen nach. Man nennt es das Unverschämtheitsschälchen. Mein Sohn, ein Gast mit guten Manieren denkt nicht nur an sich, sondern auch an die anderen Gäste. Er darf die Schnabelkanne nicht allein leer trinken.«

Scheich Zayed strich dem Kind über den Kopf. »Wenn ich alt bin, kannst du den Kaffee für die Gäste zubereiten.«

Die Umsitzenden nickten. Einer der Gäste holte aus seiner Gewandtasche ein paar getrocknete Feigen für das Kind. Dann wandte er sich an Scheich Zayed: »Wir haben euren Kaffee getrunken. Die Kaffeekanne soll zwischen uns stehen, und unsere Schwerter sollen gegen eure Feinde gezogen werden.«

Die Männer unterhielten sich ausgiebig mit den Gästen über die Wanderschaft, die Weide, die Ziegen und den Kaffee.

»In unserer Gegend wird Kaffee angebaut. Am Berghügel da oben gedeihen die Kaffeebäume besonders gut«, bemerkte einer der Besucher. »Die Bauern bieten den Kaffee auf dem Markt feil, und wir tauschen ihn gegen Tiere ein.«

Am Abend, als die Sonne hinter dem Bergrücken versunken war, kehrten die Hirten mit ihren Herden zurück. Freudig begrüßten sie die Gäste im Männerzelt: »Allah hat euren Landstrich mit Fruchtbarkeit gesegnet. Die Weide ist reich. Zum ersten Mal nach langer Zeit konnten sich unsere Tiere wieder satt fressen.«

Der Scheich schlachtete drei Ziegen zu Ehren der Stammesgäste. Das Fleisch wurde in großen Töpfen über dem abendlichen Feuer gekocht.

Beim Anblick des Vollmondes, der die weidenden Tiere in ein silbernes Licht tauchte, vergaßen die Menschen die Strapazen der Wanderschaft. Den brodelnden Töpfen über dem knisternden Feuer entstiegen so verführerische Düfte, dass allen das Wasser im Mund zusammenlief. Als das Fleisch gar war, belegte man die großen runden Tabletts mit Fladenbrot, goss Brühe darüber und häufte die Fleischstücke darauf. Am Ende wurde das Gericht mit geschmolzener Butter, die mit Safran gewürzt war, übergossen. Junge Männer schulterten die Platten und trugen sie in das Scheichzelt.

»Das Essen möge euch wohl bekommen«, wünschten die Gastgeber. Sie schoben den Gästen die zartesten Fleischstücke zu und ermunterten sie zum Zugreifen, wenn sie zu zaghaft waren. Als alle gesättigt waren, verteilte Scheich Zayed das verbliebene Essen an die Zelte.

Nach dem reichhaltigen Mahl schenkte der Scheich nochmals Kaffee aus. Dann wandte er sich an den Stammesdichter: »Wir haben gespeist und Kaffee genossen, nun soll uns deine Musik das Herz erwärmen.«

»Die Gäste seien willkommen! Tausendmal willkommen!«, erwiderte der Stammesdichter. Er nahm seine Rababa von der mittleren Zeltstange und stellte sie neben die Feuerstelle, damit die Haut sich erwärmte. Aus seiner Gewandtasche holte er ein Stückchen Harz und rieb damit die Saite ein, die aus Pferdeschweifhaaren gefertigt war. Nach einem tiefen Zug aus seiner Pfeife begann er zu spielen. Die Töne, die er seinem Instrument entlockte, erreichten auch die Nachbarzelte. Die Frauen legten ihre Arbeit beiseite und lauschten mit gespitzten Ohren. Allmählich entspannten auch sie sich von der Arbeit und den Mühen der langen Wanderschaft.

Nach einer Weile begleitete der Stammesdichter die Melodie mit seiner Stimme. Er sang Lobgedichte auf die Gäste und ihren großzügigen Stamm, er rühmte die fruchtbare Weide und die Kaffeehaine.

So verbrachten die Gäste einen angenehmen Abend im Zeltlager. Bis spät in die Nacht lauschten sie den Klängen der Rababa und den Gedichten.

Den großzügigen Gastgeber und die Männer seines Stammes luden sie für den folgenden Tag in ihr Zeltlager ein. Dann verabschiedeten sie sich und machten sich auf den Heimweg zu ihrem Stammeslager.

Als Khaled, der junge Hirte, am nächsten Tag mit seiner Herde zur Weide aufbrach, rief ihm seine Mutter hinterher: »Mein Sohn, diese alte Ziege hier gibt keine

Milch und wirft auch keine Zicklein mehr. Wenn wir Gäste zu bewirten haben, werden wir sie schlachten.«

Die alte Ziege, die diese Worte gehört hatte, bekam es mit der Angst zu tun. Ich muss besonders gutes Futter finden, damit ich wieder zu Kräften komme, dachte sie bei sich, als sie hinter den anderen Ziegen dahintrottete, sonst lande ich im Kochtopf!

Als die kleine Karawane den Berghügel erreicht hatte, machte sich die alte Ziege auf die Suche nach Futter. Sie schaute hierhin, dorthin und sprang von Fels zu Fels. »Was ist los mit dir? Schmecken dir diese Blätter nicht?«, fragte eine junge Ziege.

»Ich bin alt, und deshalb brauche ich besonders saftige Kräuter«, erwiderte die alte Ziege.

So weidete die Herde. Der Hirte nahm seine Flöte zur Hand und begann zu spielen. Er ließ seine Augen in die Ferne schweifen, betrachtete die schwarzen Zelte des Stammes, den Rauch, der durch die Zeltlöcher quoll, und die Strahlen der Morgensonne, die das Zeltlager beschienen.

Khaled legte seine Flöte beiseite und lauschte dem Summen der Bienen, die von Blüte zu Blüte flogen. Beim Gedanken an den Honig lief ihm das Wasser im Munde zusammen. Wann hatte er zum letzten Mal eine solche Köstlichkeit genossen? Er konnte sich nicht mehr erinnern.

Während der Hirte an den Bildern seine Augen weidete, machte die alte Ziege eine seltsame Entdeckung.

In einem Erdloch, halb verdeckt von einem dicken Steinbrocken, wuchs eine Pflanze, die sie in ihrem ganzen Leben noch nicht gesehen hatte. Der Strauch hatte lanzettförmige Blätter und einen dicken Stamm, von dem die Äste abzweigten. Die alte Ziege beschnupperte die Pflanze und leckte vorsichtig über die Blätter. Sie beschloss, ein wenig daran zu knabbern. Die saftigen und leicht bitteren Blätter schmeckten ihr gut. Und so fraß sie sich genüsslich daran satt.

Nach geraumer Zeit wurde die Ziege munter. Sie fühlte sich leicht, sprang über Stock und Stein und hüpfte umher wie ein Zicklein. Dann machte sie sich auf die Suche nach dem Ziegenbock. Der lag ausgestreckt im Halbschatten eines Felsens, die Augenlider halb geschlossen, und kaute an einem Strauch.

Die alte Ziege neckte den Bock.

»Lass mich in Ruhe!«, fuhr sie der Bock an. »Siehst du nicht, wie ich schnaufe? Ich bin nicht mehr der Jüngste.«

»Na und?«, entgegnete die Ziege. »Früher hast du gern mit mir gespielt. Jetzt hast du nur noch Augen für die jungen Ziegen!« Sie kitzelte ihn am Hals. »Ich möchte auch Zicklein werfen, sonst lande ich im Kochtopf.«

»Es ist mir egal, wo du landest«, meckerte der Ziegenbock. »Ich habe kaum Kraft. Die Zunge hängt mir schon aus dem Hals.«

Die jungen Ziegen spitzten aufmerksam die Ohren.

»Der arme Bock! Er muss seinen Rücken gegen die

Felswand stützen, und diese verrückte Alte will mit ihm spielen«, zeterte eine.

»Die Alte hat oft genug in ihrem Leben den Bock empfangen. Jetzt sind wir dran!«, schimpfte eine andere. Während sich die jungen Ziegen über die Alte lustig machten, überkam diese eine unsägliche Müdigkeit. Ihre Glieder wurden bleiern, sie konnte sich kaum noch auf den Beinen halten. Mühsam schleppte sie sich in den Schatten einer Palme und streckte alle viere von sich. Sie versuchte aufzustehen, doch vergeblich. Ihre Beine trugen sie nicht mehr.

»Gerade war sie noch so munter«, höhnten die jungen Ziegen.

Eine Ziege, die Mitleid hatte, beugte sich über die Alte. »Was ist los mit dir? Bist du krank, oder hast du dich nur geärgert, weil der faule Bock nicht mit dir spielen wollte?«

»Ich fühle mich wohl. Es ist nur eine vorübergehende Schwäche«, antwortete die alte Ziege.

»Wenn der Hirte aufwacht und dich so liegen sieht, wirst du nicht mehr viele Tage vor dir haben«, mahnte die junge Ziege.

»Mach dir keine Sorgen«, entgegnete die Alte. »Ich komme schon wieder zu Kräften. Hörst du nicht, wie der Hirte schnarcht?« Über die geheimnisvolle Pflanze ließ sie kein Wort verlauten.

Gegen Abend, als nur noch die Berggipfel von den Sonnenstrahlen beschienen wurden, machte sich der

Hirte mit seiner Herde auf den Heimweg. Verwundert bemerkte er, wie die alte Ziege hin und her sprang und den Bock bedrängte. Doch dieser zeigte ihr nur die kalte Schulter.

In dieser Nacht schlich sich die alte Ziege zu dem Bock. Vorsichtig kletterte sie über ein Zeltseil und bahnte sich sachte einen Weg, um die anderen Tiere nicht aufzuwecken. Wenn ich ihn von dem geheimnisvollen Kraut fressen lasse, kann er vielleicht mit mir spielen, dachte sie bei sich.

In einer Mulde, etwas abseits von den anderen Ziegen, entdeckte sie den Bock. Er schlief tief und fest. Mit ihren Hörnern kitzelte sie ihn am Hintern. Der Bock schrak auf. Als er die alte Ziege erblickte, wurde er wütend. »Gönnst du mir nicht einmal meine Nachtruhe?«, murrte er und drehte sich auf die Seite. »Wie hast du überhaupt mein Versteck gefunden?«

»Meine Nase ist deinem Gestank gefolgt«, antwortete die alte Ziege und fuhr fort: »Ich will nichts von dir. Ich möchte dir nur ein großes Geheimnis anvertrauen.«

»Geheimnis?« Der Ziegenbock reckte seinen Hals. »Welches Geheimnis?«

»Ich habe eine Pflanze entdeckt, die leckerer schmeckt als alles, was ich in meinem ganzen Leben gefressen habe. Höre! Du bist auch nicht mehr der Jüngste. Du brauchst Kräuter, die deine Kräfte stärken. Wenn du mit mir spielst, werde ich dir diesen wundersamen

Strauch zeigen. Keine andere Ziege weiß von dieser Pflanze. Nicht einmal der Hirte kennt sie.«

Der Bock war hellwach. »Spanne mich nicht auf die Folter! Was für eine Pflanze? Ich platze vor Neugier«, meckerte er.

»Nicht so laut!«, schimpfte die Ziege. »Willst du die ganze Herde aufwecken?« Sie senkte ihre Stimme. »Versprichst du mir, dass du keiner anderen Ziege davon erzählst?«

Der Bock nickte.

»Morgen auf der Weide werde ich dir diese leckere Pflanze zeigen.«

»Dann leg dich jetzt neben mich und lass uns schlafen«, sagte der Bock und gähnte.

Am nächsten Morgen auf dem Weg zur Weide hüpfte die alte Ziege ausgelassen um den Bock herum, und dieser schaute ihrem Treiben wohlwollend zu. Dann besprang er sie.

Die jungen Ziegen wollten ihren Augen nicht trauen, als sie das Schauspiel beobachteten. »Hast du noch nicht genug Nachkommen?«, schalten sie die Alte. »Jetzt sind wir an der Reihe.«

Doch die alte Ziege ließ sich nicht beirren.

Der Hirte betrachtete die Sprünge des Bocks mit Genugtuung. »Bald werde ich wieder eine große Herde haben«, sagte er sich.

Auf der Weide angekommen, lockte die alte Ziege den Bock zu ihrem Versteck. Er folgte ihr über Geröll und Felsvorsprünge, bis sie das Erdloch erreichten. »Diese Pflanze ist auch mir neu«, sagte der Bock und schnupperte an dem Strauch. Dann begannen beide zu fressen. Nach einer Weile mahnte die alte Ziege den Bock: »Friss nicht zu viel auf einmal, sonst bekommst du Durchfall.«

Die beiden kehrten zur Herde zurück. Es dauerte nicht sehr lange, bis der Bock ebenso munter wurde wie die Ziege. Ausgelassen sprang er hin und her, neckte die alte Ziege und spielte mit ihr.

Der Hirte rieb sich die Augen. Die Alte springt, als ob sie Pfeffer im Hintern hätte, und auch der Bock macht hohe Sprünge. Merkwürdig, dass er nicht den jungen Ziegen nachläuft, dachte er bei sich.

Nach geraumer Zeit wurden die Ziege und der Bock schlapp. Sie legten sich in den Schatten einer Palme und fielen in seligen Schlummer.

»Verstehe mir einer diese Tiere!«, murmelte Khaled. Als die alte Ziege in dieser Nacht den Bock aufsuchte, vertrieb er sie mürrisch. »Es reicht!«, schimpfte er. »Den ganzen Tag habe ich nur mit dir verbracht. Die jungen Ziegen sind mir deinetwegen böse.« Der Bock drehte sich unwillig zur Seite und begann zu schnarchen.

Am nächsten Tag geschah, was die alte Ziege befürchtet hatte. Der Bock konnte kein Geheimnis für sich behalten. Auf der Weide pirschte er sich an seine Lieblingsziege heran: »Sei mir nicht böse«, flötete er ihr ins Ohr. »Mit der alten Ziege habe ich doch nur gespielt, weil sie mir ein Geheimnis verraten hat. Sie hat nämlich ein Kraut entdeckt, das wunderbar schmeckt.«

»Du lügst! Wenn die Böcke nicht mehr springen können, fangen sie an zu lügen«, erwiderte die Lieblingsziege schnippisch.

»Ich lüge nicht. Wenn du nett zu mir bist, verrate ich dir das Geheimnis. Ich verjage die Alte, und wir zwei fressen allein von dem Kraut. Dann können wir zusammen spielen.«

Die junge Ziege zeigte sich versöhnt, und so führte der Bock sie zu dem geheimnisvollen Strauch. Er drängte die alte Ziege mit seinen Hörnern zur Seite und machte sich mit seiner Lieblingsziege über die Blätter her. Vor lauter Gier lief ihm der Speichel aus dem Maul. Er hielt erst inne, als er Bauchgrimmen verspürte.

»Du Dummkopf! Habe ich dich nicht gewarnt, zu viel auf einmal zu fressen?«, meckerte die alte Ziege schadenfroh. »Aber so ein Gierschlund wie du …!«

»Halt die Klappe!«, brüllte der Bock.

»Hättest du besser das Maul gehalten! Wenn erst einmal alle in das Geheimnis eingeweiht sind, bekommen wir diese Blätter nicht mehr zwischen die Zähne. Du hast dein Versprechen nicht gehalten.«

Der Bock nahm ihre Warnung nicht ernst. Jeden Tag erzählte er einer anderen Ziege von dem Geheimnis, ging mit ihr fressen und spielen. Und so kam es, dass am Ende die ganze Herde den wundersamen Strauch kannte.

Eines Tages, als Khaled wie gewöhnlich im Schatten der Palme sein Mittagsschläfchen hielt, schreckte er auf. Ein Zicklein war mit einem Bocksprung auf seinem Bauch gelandet. Der Hirte rieb sich verschlafen die Augen. Er sah die gesamte Herde, ob Jung oder Alt, munter hin und her springen. Die Ziegen meckerten laut, einige machten hohe Luftsprünge. Khaled beobachtete die Tiere aufmerksam.

Nach geraumer Zeit schienen die Tiere müde zu werden. Sie streckten sich im Schatten der Palmen aus, und bald vernahm der Hirte nur noch ein regelmäßiges Schnaufen. Khaled verstand die Welt nicht mehr. Was war nur los mit seinen Ziegen? Erst waren sie lebhaft, wie er sie noch nie gesehen hatte, und dann lagen sie schlapp auf dem Boden. Lange dachte Khaled nach, doch er konnte das Rätsel nicht lösen.

Nach der Rückkehr ins Zeltlager erzählte der Hirte seiner Mutter von der seltsamen Begebenheit.

»Mein Sohn«, sagte die Mutter. »Die Ziegen sind einfach glücklich über die neue Weide. Hast du schon vergessen, wie ausgehungert sie waren?«

»Das allein kann es nicht sein«, widersprach Khaled. Die Mutter strich ihm über den schwarzen Haarzopf. »Als deine Ziegen eingefallene Bäuche hatten, hast du geweint, und jetzt beschwerst du dich, dass sie tanzen.« Die Mutter lachte. »Hast du heute eine starke Zigarette gedreht? Vielleicht warst du glücklich und nicht die Ziegen.«

»Ich schwöre bei der Seele des Stammesahns, dass ich heute nicht geraucht habe.«

Die Mutter dachte nach, dann sagte sie: »Sehen wir mal, ob deine Ziegen morgen auch so lebhaft sind. Hier, trink deine Milch und iss das knusprige Fladenbrot. Dann kannst du dich auf dem Teppich ausruhen.«

In dieser Nacht fand Khaled kaum Schlaf. Unruhig warf er sich auf dem Teppich hin und her.

Beim ersten Sonnenstrahl wollte er mit der Herde schon aufbrechen, doch die Mutter hielt ihn zurück. »Wenn die Ziegen noch feuchtes Gras fressen, bekommen sie Durchfall«, mahnte sie ihn.

Als die Sonne ihre wärmenden Strahlen über das Zeltlager warf und die Nebelschwaden sich aufgelöst hatten, zog Khaled mit seiner Herde los.

Auch an diesem Tag wiederholte sich das Schauspiel vom Vortag. Erst tanzten die Ziegen, dann torkelten sie, und am Ende lagen sie, prallen Mehlsäcken gleich, auf dem Boden.

Khaled schlug sich mit der Hand vor die Stirn. Gedanken schossen ihm durch den Kopf. »Ich habe keine Zigarette geraucht, ich bilde mir das Ganze doch nicht ein. Ist diese Weide verzaubert?« Der Hirte vermochte das Geheimnis nicht zu lüften. Am Abend erzählte er der Mutter, was seine Augen gesehen hatten.

Die Mutter hob ihre geöffneten Hände und richtete ihre Augen zum Himmel. »Allah und der Stammesahn mögen unsere Herde vor dem Dämon schützen! Und dich, mein Kind, vor dem bösen Blick«, flüsterte sie.

Auch in der folgenden Nacht tat der Hirte kein Auge zu. »Ich möchte so glücklich sein wie meine Ziegen«, wünschte er sich. Er überlegte hin und her. »Es muss an dem Weideplatz liegen. Morgen werde ich meine Tiere zu einer anderen Stelle führen und sehen, ob sie sich dort auch so merkwürdig aufführen.«

Am nächsten Morgen schlug Khaled einen anderen Weg ein. Die Ziegen folgten ihm nur zögerlich. Auf dem neuen Weideplatz angekommen, sagte die alte Ziege zu sich: »Der Hirte hat den Weideplatz gewechselt. Hier gibt es keine leckeren Blätter. Und das alles, weil der dumme Bock kein Geheimnis für sich behalten kann!«

Die Ziegen kauten lustlos an den Sträuchern. Ihre Bäuche waren halb leer, als der Hirte sie am Abend wieder ins Zeltlager führte. Als er seiner Mutter von der neuen Weide erzählte, lachte sie: »Siehst du, mein Sohn, deine Ziegen sind ganz gesund. Heute hast du wohl keine Zigarette gedreht.«

Am Tag darauf, auf dem alten Weideplatz, war der Hirte wachsam. Diesmal hielt er keinen Mittagsschlaf. Er beobachtete die Tiere aus dem Augenwinkel und wartete ab.

Der Bock lief als Erster zu dem Strauch. Khaled, der dem Tier leise gefolgt war, versteckte sich hinter einem Felsen. Er sah, wie der Bock von einem Strauch grüne

Blätter fraß, und es dauerte nicht lange, bis er zu springen und zu tanzen begann.

Der Hirte trat näher. »Es muss diese Pflanze sein, die so eine wundersame Wirkung hat.« Er ließ die Blätter durch seine Finger gleiten. »Noch nie habe ich diesen Strauch gesehen. Was den Ziegen guttut, wird dem Hirten wohl nicht schaden.« Er begann, die grünen Blätter zu kauen.

Khaled musste nicht lange warten, bis er die Wirkung verspürte. Er fühlte sich leicht wie ein Vogel. Er setzte einen Fuß vor den anderen, hüpfte von Stein zu Stein und tanzte wie seine Ziegen. Dann bekam er Durst und trank aus seinem Wassersack. Eine Weile noch war er hellwach, seine Augen glänzten. Doch dann spürte er, wie seine Glieder schwer wurden. Gähnend legte er sich neben seine Ziegen in den Schatten der Palme, streckte alle Glieder von sich und fiel in tiefen Schlummer.

Als der Hirte erwachte, wusste er nicht, wie viel Zeit verstrichen war. Er schaute nach der Sonne und sah, dass sie sich bald dem Horizont zu neigte. Er musste also lange geschlafen haben. Khaled sprang auf und trieb seine Herde zur Eile an. Er konnte es kaum erwarten, seiner Mutter von dem Erlebnis auf der Weide zu erzählen.

Dieses Mal unterbrach die Mutter die Zeltarbeit und hörte dem Sohn aufmerksam zu. Als er geendet hatte, sagte sie zu ihm: »Mein Augapfel, deine Geschichte ist seltsam. Ich bin neugierig. Bring mir doch morgen ein paar Blätter von dieser Wunderpflanze.«

Der Hirte ließ sich dies nicht zweimal sagen. Gleich am nächsten Tag packte er einige Blätter in seinen Tabaksbeutel, bevor er sich auf den Rückweg machte. Am späten Abend, als es ruhig war im Zeltlager, überreichte Khaled seiner Mutter die Blätter. Sie betrachtete sie im Mondlicht.

»Diese Pflanze sehe ich zum ersten Mal«, bestätigte die Mutter. »Wie isst du sie?«

»Ich kaue sie, wie die Ziegen das Gras kauen.«

Blatt für Blatt schob die Mutter in den Mund und zerkaute sie. Dann bekam sie Durst und griff zu dem Wassersack. Kurze Zeit später überkam sie ein wohliges Gefühl.

»Mein Sohn, so munter war ich seit vielen, vielen Jahren nicht mehr. Ich erinnere mich der alten Tage, als ich mit deinem Vater auf der Weide gespielt habe. Allah möge seiner Seele gnädig sein!«

»Du wolltest mir nicht glauben«, trumpfte Khaled auf.

»Du hast recht, mein Augenschein. Dieser Saft wirkt Wunder. Er belebt die alten Knochen und macht das Herz jung.«

Während die Mutter mit glänzenden Augen von der Vergangenheit träumte, streckte die Nachbarin ihren Kopf ins Zelt.

»Willkommen!«, begrüßte die Mutter sie.

Die Nachbarin schaute sie mit großen Augen an. »Hast du ein Pfeifchen geraucht?«, erkundigte sie sich neugierig. »So frisch habe ich dich seit Langem nicht mehr gesehen.«

»So alt bin ich auch noch nicht«, entgegnete die Mutter lachend. »Ich fühle mich wohl. Ich will dir ein Geheimnis verraten!« Sie tuschelte der Besucherin ins Ohr: »Mein Sohn hat mir von der Weide ein Wunderkraut mitgebracht. Seit ich die Blätter gekaut habe, fühle ich mich um Jahre jünger!«

»Was sagst du da? Blätter?«

»Ja, saftige Blätter. Sie schmecken ein wenig bitter, aber ihre Wirkung ist wunderbar«, versicherte die Mutter.

Die Nachbarin ließ nicht locker, bis ihr der Hirte die Geschichte haarklein erzählt hatte.

»Mein Junge«, sagte die Nachbarin. »Du solltest deine Geschichte im Scheichzelt erzählen. Du wirst viele offene Ohren finden.« Ein verschmitztes Lächeln huschte über ihr Gesicht. »Ich möchte meinen Alten auch so munter erleben wie deine Mutter.«

Khaled folgte ihrem Rat. Eilig begab er sich ins Scheichzelt. Dort berichtete er in der Runde von der Entdeckung seiner Ziegen.

Die Männer horchten auf. Der Stammesälteste sagte: »Halte die Ziegen von dem Strauch fern und bringe uns von den Blättern mit. Wir sind neugierig, ob das Wunderkraut hält, was es verspricht.«

Als der Hirte zu seiner Mutter ins Zelt zurückkehrte, fand er sie in tiefem Schlaf.

Am Tag darauf verscheuchte Khaled die Ziegen von dem Strauch und füllte seine Gewandtasche mit den Blättern.

Die alte Ziege, die alles genau beobachtete, gab dem Bock einen Tritt in den Hintern. »Jetzt haben wir die Bescherung. Habe ich dir nicht gesagt, du sollst das Geheimnis hüten? Aber ein Bock, der nach jungen Ziegen lechzt, kann natürlich sein Maul nicht halten.«

»Du hast ja recht«, gab der Bock kleinlaut zu. »Aber ich wollte den jungen Ziegen auch eine Freude gönnen.«

»Freude! Bald ist es aus mit der Freude. Du wirst sehen, der Hirte wird uns von der Weidestelle vertreiben«, polterte die alte Ziege und wackelte bedenklich mit dem Schwanz.

Am Abend im Scheichzelt leerte Khaled seine Gewandtaschen. Im Schein des Feuers begutachteten die Männer diese merkwürdigen Blätter.

»Wir werden sehen«, sagte Scheich Zayed. Er griff als Erster zu, und bald hatte jeder in der Runde ein paar Blätter zwischen den Zähnen. Der Wasserkrug machte seine Runde. Nach einer Weile strahlten die Augen des Scheichs. »Männer, ich fühle mich jung und stark wie ein Kamel in seinem vierten Jahr. Der Saft erfreut das Herz!«

Hinter dem Vorhang im Frauenabteil des Zeltes lauschten die Frauen aufmerksam.

»Der Scheich lebt auf«, bemerkte eine.

»Hoffentlich hält diese Munterkeit bis spät in die Nacht vor«, scherzte eine andere.

Die Männer waren guter Dinge. Sie erzählten sich viele Geschichten.

»Jetzt sind nicht nur unsere Ziegen glücklich, wir sind es auch!«, freute sich der Stammesdichter. Und Scheich Zayed fügte hinzu: »Diese Gegend ist wunderbar. Hier finden nicht nur die Ziegen ihre Weide.« Die Runde lachte.

Die Männer scherzten noch eine Weile, dann wurden sie müde. Einer nach dem anderen lehnte sich in die Kissen.

Am nächsten Morgen ging es dem Stammesältesten schlecht. Den ganzen Tag über pendelte er zwischen der Schlucht und dem Männerzelt hin und her. »Was ist los mit dir, Bruder?«, erkundigte sich der Stammesrichter.

»So ein Durchfall!«, stöhnte der Alte. »Die Brühe läuft mir über die Beine. Es ist nicht auszuhalten!«

Immer wenn der Alte, begleitet von einer Schar Fliegen, zur Schlucht rannte, gab es lauten Beifall im Männerzelt. »Heute hat der Alte die Schlucht erobert. Seht ihr nicht, wie er läuft? Wie ein Rennkamel«, scherzte der Stammesdichter.

Als der Stammesälteste bei Anbruch der Dunkelheit noch immer nicht zur Ruhe kam, machten sich die Zeltbewohner Sorgen.

»Was hast du gegessen?«, fragte der Derwisch.

»Ich habe Hammelfleisch gegessen wie ihr alle.«

»Hast du viel von den Blättern gekaut?«, wollte der Derwisch wissen.

»Gekaut? Ihr wisst doch, dass ich keine Zähne mehr habe. Ich habe sie in kleine Stücke gerissen und geschluckt.«

»Vielleicht geht es dir deswegen schlecht?«, mutmaßte Scheich Zayed. »Wir haben die Blätter gekaut und nur den Saft geschluckt. Nur die Ziegen fressen die Blätter ganz.«

Seit diesem Vorfall achtete man darauf, nur ja kein Blatt zu verschlucken. Man zermahlte die Blätter mit den Zähnen, schob sie in die Backe und sog den Saft daraus. Dann spuckte man den Brei wieder aus. Um den Durst zu stillen und den Mund zu spülen, nahm man Wasser.

Jeden Abend wurde Khaled im Scheichzelt sehnlichst erwartet. Da seine Gewandtaschen nicht mehr ausreichten, füllte er die Satteltaschen des Esels mit den Blättern. Und immer wenn die Ohren des Reittiers hinter der Schlucht auftauchten, freuten sich die Männer.

Es dauerte nicht lange, bis auch die Frauen ihre Backen mit den Blättern füllten. In der Frauenabteilung des Scheichzeltes saßen sie beisammen und kauten. Bisweilen lauschten sie dem Gespräch der Männer, die sich immer wieder über den Stammesältesten amüsierten.

»Der Alte sammelt die Blätter im Maul. Seine Backe

bläht sich auf wie die eines brünstigen Kamels«, scherzte der Stammesdichter.

Die Runde prustete vor Lachen. Und immer, wenn der Stammesälteste im Galopp zur Schlucht rannte, wusste man, dass er die Blätter wieder einmal verschluckt hatte.

Die Geschichte von der wundersamen Wirkung der Blätter blieb nicht lange geheim. Sie verbreitete sich unter den Stämmen wie ein Lauffeuer. Trafen Gäste im Scheichzelt ein, bot man ihnen auch Blätter an.

Eines Abends sagte Khaled: »Die Zweige des Strauches sind bald nackt. Die Pflanze kann nicht alle Mäuler versorgen.«

Die Männer zogen lange Gesichter.

»Wir haben uns an die saftigen Blätter gewöhnt. Wir müssen uns etwas einfallen lassen«, sagte der Stammesrichter.

Eines Tages erschien ein Gast im Scheichzelt. Es war ein Bauer, der Kaffeehaine besaß. Ihm trugen die Männer ihr Problem vor.

»Du bist ein Bauer«, wandte sich Scheich Zayed an ihn, »und verstehst viel von Pflanzen. Kannst du diesen wundersamen Strauch nicht auf deinem Feld anbauen?«

Der Bauer, der schlau war und ein gutes Geschäft witterte, spitzte die Ohren. »Der Strauch wird bestimmt auf meinem fruchtbaren Boden gut wachsen, so wie auch der Kaffeebaum gedeiht. Aber seit ihr diese Blätter kaut, trinkt ihr immer weniger Kaffee. So will ich diese Pflanze für euch anbauen, dann habt ihr Blätter in Hülle und Fülle.«

»Großartig. Ein Bauer hat immer eine gute Nase für Pflanzen«, bemerkte der Stammesdichter. So kam man überein, dass Khaled dem Bauern den Strauch auf der Weide zeigen sollte.

Am nächsten Morgen begleitete der Bauer auf seinem Maulesel den Hirten zur Weide, und Khaled führte ihn zu der geheimnisvollen Pflanze am Fuß des Berghügels. Die Augen des Bauern wurden groß. Neugierig musterte er den Strauch, pflückte ein Blatt und schnupperte daran. Als er es in den Mund schieben wollte, hielt Khaled ihn fest. »Du sollst die Blätter nicht kauen, sondern anbauen.«

»Sachte, sachte!«, entgegnete der Bauer. Er holte Hacke und Schaufel aus den Satteltaschen seines Maulesels und grub vorsichtig einen Ableger aus. »Ihr werdet eure Blätter bekommen«, versprach er und ritt davon.

Wie mit den Stammesbewohnern vereinbart, pflanzte der Bauer den Strauch auf seinem fruchtbarsten Boden. Er begoss den Ableger mit Wasser und düngte ihn mit Eselsmist. Der Ableger schoss in die Höhe. Mit der Zeit dehnte sich die Pflanze über das halbe Feld aus.

Regelmäßig suchten der Scheich und die Stammesältesten das Feld auf und kauten von den Blättern. Mit gefüllten Satteltaschen ritten sie zu ihrem Stammeslager zurück. Und bei jedem Besuch brachten sie dem Bauern ein Zicklein mit.

Als die anderen Bauern sahen, dass der schlaue Bauer nach und nach eine stattliche Herde beisammen hatte, wurden sie neidisch. »Die Leute fragen immer weniger nach Kaffee. Sie sind besessen von der Pflanze, sie wollen nur noch dicke Backen haben«, schimpfte ein Bauer, und ein anderer warf ein: »Dieser verdammte Bauer reitet nicht mehr auf seinem alten Maulesel, nein, jetzt reitet er eine edle Stute!«

»Schimpfen bringt uns nicht weiter«, schaltete sich ein Dritter ein. »Auch wir sollten uns Ableger besorgen und diese Pflanze in unseren Kaffeehainen anbauen!«

Mit der Zeit folgten immer mehr Bauern dem Beispiel des schlauen Bauern. Und die Kunde von der Pflanze mit der wundersamen Wirkung verbreitete sich über die Landesgrenzen hinaus.

Im Morgengrauen ernteten die Bauern die Blätter. Sie luden die prallen Säcke auf ihre Esel und Maulesel und trieben die Tiere zum Markt. Dort bekamen sie im Tausch für ihre Blätter nicht nur Zicklein, sondern auch Münzen. Besonders begehrt waren die jungen, saftigen Triebe. Bereits in den Morgenstunden fanden sie Käufer.

Wenn sich zur Zeit des Mittagsgebets eine brütende Hitze über das Land legte, waren Straßen und Märkte wie leergefegt. Die Menschen zogen sich in die Häuser und in die Zelte zurück und begannen, Blätter zu kauen.

Und mit den Jahren wurden auf dem Markt immer mehr Blätter angeboten. Die Kaffeehändler stöhnten über die schlechten Geschäfte, während die Blätterhändler gute Gewinne erzielten.

Eines Tages sagte ein Bauer, der mit seinem Sohn über den Markt ging: »Mein Sohn, siehst du die Blätterhändler? Ihre Bäuche werden immer dicker, und wir bleiben auf unseren Kaffeesäcken hocken.«

Der Sohn nickte. »Dieser Strauch ist der König der Pflanzen im glücklichen Arabien.« Er holte tief Luft. »Was hältst du davon, wenn wir die Kaffeebäume entwurzeln und an ihrer Stelle diese Sträucher anbauen?«

»Vielleicht hast du recht, mein Sohn«, erwiderte der Vater.

Die beiden luden die halb vollen Säcke mit Kaffeebohnen auf ihren Esel und kehrten in ihr Dorf zurück. Noch am gleichen Tag schulterten sie Hacke und Säge und begaben sich aufs Feld. Der Bauer betrachtete jeden einzelnen Kaffeebaum. Als der Sohn die Säge an den ersten Stamm anlegte, hielt ihn der Vater zurück: »Ich habe diese Bäumchen gehegt und gepflegt. Ich habe sie großgezogen und wachsen gesehen wie dich. Es zerreißt mir das Herz!« Tränen rollten dem Alten über die Wangen.

Der Sohn legte die Säge beiseite, und wortlos verließen die beiden den Kaffeehain.

Während sich die Felder mit dem wundersamen Strauch weiter ausdehnten, wurden die Weideplätze für die Tiere immer knapper. Von den saftigen Blättern konnten die Tiere nur noch träumen.

»Warum habe ich diesem dummen Bock bloß von dem Geheimnis erzählt? Jetzt haben wir nicht einmal mehr genug Weide, von den Blättern ganz zu schweigen. Und der alte Bock kann auch nicht mehr springen. Bei Gelegenheit werde ich ihm einen Fußtritt versetzen«, murrte die alte Ziege.

»Ich sehne mich nach dem saftigen Grün«, pflichtete ihr eine andere bei.

Die alte Ziege schaute sich um. »Habe ich nicht den Strauch entdeckt? Dort drüben steht ein ganzes Feld, warum sollen wir darben? Wir holen uns unser Futter.« Die Ziegen waren begeistert von der Idee.

Gesagt, getan! Als der Hirte in der Mittagshitze schläfrig wurde und einnickte, rannten die Ziegen auf das Feld und begannen, genüsslich von den Blättern zu fressen.

Unterdessen tauchte der Wächter auf. Zornentbrannt hieb er auf die Ziegen ein. Laut meckernd suchten sie das Weite.

Der Wächter fand den schlummernden Hirten. »Du fauler Hund! Du Nichtsnutz!«, beschimpfte er ihn. »Deine Ziegen schlagen sich mit den kostbaren Blättern den Bauch voll, und du schläfst!«

Khaled schreckte hoch. Er rieb sich die Augen. »Meine Ziegen! Wo sind meine Ziegen?«

»Ich habe ihnen Beine gemacht«, schimpfte der Wächter.

Khaled wurde puterrot. »Ich schwöre dir, es ist das erste Mal, dass meine Ziegen das Feld betreten haben …«

»Es ist auch das letzte Mal!«, unterbrach ihn der Wächter barsch. »Achte gefälligst auf deine Herde, sonst wirst du meinen Stock zu spüren bekommen!«

»Weißt du überhaupt, dass meine Ziegen diesen Strauch entdeckt haben?«, sagte der Hirte.

»Das interessiert mich nicht. Ich habe die Aufgabe, die Felder zu bewachen.«

Der Hirte war empört. »Ihr denkt nur noch an die prallen Beutel. Den Tieren habt ihr die Weideplätze geraubt, und den Kaffeebaum habt ihr entwurzelt. Wo sollen meine Ziegen denn nun weiden?«

»Das ist nicht mein Problem«, erwiderte der Wächter. »Ich warne dich ein letztes Mal: Pass besser auf deine Ziegen auf!« Damit drehte er sich um und ging fort. Der Hirte trieb seine versprengte Herde wieder zusammen und setzte sich in den Schatten der Palme, um nachzudenken. Der Anblick des Feldes mit dem berauschenden Strauch stimmte ihn traurig.

Der Bock, der den Hirten beobachtete, sagte zu der alten Ziege: »Der größte Dummkopf von uns allen ist der Hirte. Er hat den Zeltbewohnern das Geheimnis verraten, und die haben die Bauern angeworben. Bald wird es überhaupt keine Weide mehr geben.«

Doch die alte Ziege war verärgert und würdigte den Bock keines Blickes. »Dieser verdammte Wächter hat mir das Fell gegerbt«, murmelte sie. Sie lehnte ihren geschundenen Rücken an den Stamm eines Kaffeebaumes, der einsam am Rande des Feldes stand.

»Jetzt kommst du zu mir, du dumme Ziege«, begann der Kaffeebaum zu sprechen. »Du hast dieses Unglück über uns gebracht! Siehst du das Unkraut zu meinen Füßen? Es ist jetzt der Lieblingsstrauch des Bauern, weil er ihm den Beutel füllt!« Der Kaffeebaum schüttelte sich vor Verachtung. »Dieser Emporkömmling!«

»Die Ziegen, die Hirten, die Kaffeebäume, alle leiden wegen dieser Pflanze«, meckerte die alte Ziege ungehalten. »Verflucht sei dieser Strauch!«

»Was helfen uns jetzt deine dummen Sprüche?«, entgegnete der Kaffeebaum. »Die guten Tage sind vorbei. Im glücklichen Arabien war ich die edelste aller Pflanzen. Aus meinen Bohnen bereitete man gewürzten Kaffee für die Gäste; mein Duft erfüllte die Zelte und die Häuser. Ich, die Tochter des Jemen, war weltberühmt. Aus Mokcha segelten Schiffe, beladen mit Kaffee, in alle Welt. In vielen Ländern rühmte man den Mokka. Karawanen, auch sie beladen mit Kaffeebohnen, zogen durch die Wüste in ferne Länder. Und jetzt verkomme ich in diesem Land. Dieser Strauch verdrängt mich von den fruchtbarsten Böden und raubt uns das Herz der Bauern. Was soll nun aus mir werden?«

Der Kaffeebaum verstummte, und auch die alte Ziege schwieg. Es wollte ihr kein Wort des Trostes einfallen. Nur noch das Rascheln der Blätter war zu vernehmen, durch die eine kühle Abendbrise strich.

Khaled saß noch immer unter der Palme, den Rücken

an den Stamm gelehnt, und dachte nach, als der traurige Bauer auf dem Maulesel auftauchte.

»Sei gegrüßt, du Ziegenhirte«, sagte der Bauer.

»Friede sei mit dir«, erwiderte der Hirte.

Der Bauer setzte sich zu Khaled. »Deine Augen sind traurig. Was bedrückt dich, mein Junge?«

»Mich bedrückt, was auch dich bedrückt. Ich finde immer weniger Weide für meine Ziegen. Die Wächter auf den Feldern machen uns das Leben schwer. Kaum nähert sich eine Ziege, bekommt sie den trockenen Stock zu spüren«, klagte der Hirte.

»Die Münzen haben den Bauern den Verstand geraubt«, bemerkte der Bauer. »Nicht nur die Kaffeebäume werden entwurzelt, auch Obst- und Gemüsepflanzen leiden.« Der Bauer tätschelte seinen Maulesel. »Der Strauch braucht weniger Pflege und bringt mehr Münzen, doch meinen Kaffeehain wird er nicht erobern. Ich bleibe dem alten Kaffeebaum treu.«

Ein Lächeln huschte über das Gesicht des Hirten.

Der Bauer bestieg seinen Maulesel und ritt davon. Und der Hirte, dem ein klein wenig leichter ums Herz war, trieb seine Ziegen zusammen und führte sie ins Zeltlager zurück.

Leider gab es nur wenige, die so dachten wie der Bauer. Immer mehr Menschen aber wollten die Blätter kauen, wollten in diesen glückseligen Rausch fallen, und sie wurden immer begieriger nach den Blättern, wollten immer mehr. Der Preis war hoch. Wenn man heute den Jemen besucht, sieht man nur noch wenige Kaffeehaine. Stattdessen trifft man auf Plantagen mit dem Strauch, und man sieht viele Menschen mit dicken Backen. Sie haben keine Eier im Mund, ihre Backen sind mit den Blättern gefüllt. Dafür müssen sie viel bezahlen. Doch wer glückselig seinen Rausch ausschläft, kann keinen Handel treiben oder seine Felder bestellen. Auch der Weidegrund wird immer knapper. Die einst großen Herden finden nicht mehr genug zu fressen. Sie werden mager, geben kaum Fleisch und nur wenig Milch. Und das bisschen Kaffee, das noch im Lande wächst und nicht vom Strauch verdrängt wurde, reicht nicht einmal für den eigenen Gebrauch der Menschen. Die müssen sich in reichen Nachbarländern verdingen, um ihr Brot zu verdienen. Das glückliche Arabien, das einst berühmt war für seinen Kaffee, zählt heute zu den ärmsten Ländern der Welt.

Als Letzter folgte Nabil mit seiner Geschichte. Er vereinbarte mit Amira, ihr seine Geschichte am Brunnenrand zu erzählen.

Kurz nach Sonnenuntergang machte sich Amira im Zelt der Großmutter am Wassersack zu schaffen. Sie lockerte die Schnur und ließ das Wasser im Sand versickern. Als die Großmutter Durst bekam, fand sie den Wassersack leer. »Amira«, bat sie. »Reite auf dem Esel zum Brunnen und hole Wasser!«

Das Mädchen lud den Sack auf den Esel und ritt los. Am Brunnen wurde sie von Nabil empfangen.

»Hier am Brunnen werde ich dir meine Geschichte erzählen«, sagte er zu Amira. »Brunnen sind Orte der Liebenden. Am Brunnenrand treffen sich Liebhaber und Geliebte, um ihren Durst zu stillen.«

Amira ließ sich am Brunnenrand nieder. »Was für eine Geschichte hast du mitgebracht? Lass hören!«

Der Unglücksrabe

Unsere Sippe gehört dem Stamm der Tyaha an. Die Tyaha sind einer der mächtigsten Stämme der Wüste, und man rühmt sie wegen ihrer großen Gastfreundschaft.

Vor vielen Jahren lebte in unserem Stamm ein Mann namens Adnan. Allah schenkte ihm großen Reichtum. Seine Kamelherde vermehrte sich schneller als die Herden seiner Nachbarn, und wenn er Handelsreisen unternahm, war der Gewinn auf seiner Seite. Adnan war nicht nur reich an Kamelen, neben der Feuerstelle hatte er auch einen prallen Beutel mit Goldmünzen versteckt.

Seine Frau gebar ihm sieben Söhne und drei Töchter. Adnan und seine Frau Dahab kannten einander von Kindesbeinen an, denn sie gehörten zur selben Sippe. Oft saßen sie am Abend um das Feuer und betrachteten zufrieden die Schar ihrer Kinder: »Allah hat uns zahlreiche Nachkommen beschert, und wenn unsere Kamelkarawane aufbricht, reicht sie von hier bis zum Scheichzelt.«

Mit der Zeit heirateten die Söhne und Töchter der

beiden. Und so standen neben dem elterlichen Zelt bald sieben Zelte, in denen die Söhne mit ihren Familien wohnten.

Mit den Jahren wurde Adnans schwarzer Bart weiß, und die Falten in Dahabs Gesicht mehrten sich. Ihre Enkel und Urenkel waren so zahlreich, dass die beiden Alten sie bald nicht mehr auseinanderhalten konnten. Sie begannen, die Namen zu verwechseln. Die Enkelkinder lachten die Großeltern aus, wenn sie wieder einmal Abdallah für Hassan hielten. Doch gegen das Älterwerden ist kein Kraut gewachsen. Eines Abends legte sich der Großvater wie üblich zur Ruhe und deckte sich mit seinem Fellmantel zu. Als Dahab am nächsten Morgen das Feuer entfacht und Kaffee gekocht hatte, weckte sie ihren Mann. »Adnan, es ist Morgen. Der Kaffee ist bereitet.« Der Mann rührte sich nicht. Sie rüttelte ihn, doch vergeblich. Unter lautem Schreien lief sie vor das Zelt. »O Vater meiner Kinder!«

Die Söhne eilten herbei. Als der älteste Sohn dem Vater den Fellmantel vom Gesicht zog, schossen ihm die Tränen in die Augen. »Unser Vater hat sich von dieser Welt verabschiedet. Seine Seele ist unterwegs zum Himmel.«

Während die Frauen in das Zelt strömten, um den Toten zu beklagen, nahmen die Männer Hacken und Schaufeln zur Hand und begaben sich zur Grabstätte. »Hier neben seinem Vater werden wir für Adnan das Grab ausheben«, sagte der Stammesälteste und wies mit einer Hand auf die Stelle. Die Männer machten sich ans Werk.

Währenddessen wuschen die Söhne den Leichnam, wickelten ihn in ein weißes Tuch und hoben ihn auf den Rücken eines Kamels, das ihn zur Grabstätte trug. Dort angekommen, ließen sie das Tier niederknien und legten den Toten in das Grab. Mit ihren Schaufeln schütteten sie das Grab wieder zu.

»Allah möge dir einen Platz im Paradies geben«, wünschten die Anwesenden. Über die Stelle, wo der Kopf des Toten lag, wurde ein Steinbrocken gewälzt. Ein Enkelkind, das das Begräbnis beobachtet hatte, fragte seinen Vater: »Wozu braucht man diesen Stein?«

»Stirbt ein Mensch, so bestatten wir ihn hier«, antwortete der Vater. »Der Leichnam wird so gelegt, dass sein Kopf in Richtung der heiligen Stadt Mekka weist. In diese Richtung neigen sich alle Muslime zum Gebet.«

Das Kind nickte. »Das stimmt, Vater. Aber die Toten können nicht mehr beten.«

»Nein«, erwiderte der Vater. »Doch sie können den Lebenden manchmal helfen.«

Das Kind schaute den Vater fragend an.

»Mein Augenschein, wenn ein Wanderer in der Wüste die Orientierung verliert und durch das Sandmeer irrt, kann ihn eine Grabstätte retten. Sieht er die Steine auf den Köpfen der Toten, so weiß er, in welcher Richtung Mekka liegt. Auf diese Weise kann er sich orientieren und den richtigen Weg wieder finden.«

Das Kind hatte aufmerksam gelauscht. »Du meinst, das Grab des Großvaters kann jemandem nützlich sein?«

Der Vater nickte:.»Es kann dem Wanderer in der Not helfen.«

Die Nachricht vom Tod des Mannes verbreitete sich in alle vier Himmelsrichtungen. Frauen und Männer von nah und fern besuchten die Angehörigen und brachten ihr Beileid zum Ausdruck. Der Verstorbene hatte vielen Menschen geholfen, und so schätzte man ihn weit über die Stammesgrenzen hinaus.

Am Abend schlachtete die Familie drei Schafe zu Ehren des Toten und bereitete ein Festmahl zu.

Nach sieben Trauertagen versammelten sich die sieben Söhne des Verstorbenen im Zelt ihres Vaters. Der Älteste unter ihnen ergriff das Wort: »Nach einem langen Leben schied unser Vater aus dieser Welt. Er hat uns eine große Kamelherde und viele Münzen hinterlassen. Wir wollen das Erbe unter uns aufteilen!«

Die Brüder nickten zustimmend.

Der Älteste stand auf und zählte die Kamele, die unweit des Zeltes weideten. Es waren sechzig Stuten, vierzig Hengste und zwanzig Kamelfüllen.

»Jeder von uns bekommt siebzehn Tiere. Dann bleibt ein Kamel übrig«, stellte einer der Brüder fest.

»Am vierzigsten Tag nach dem Tod schlachten wir das Kamel zu Ehren der Seele des Vaters«, sagte der älteste Sohn.

Die anderen Brüder waren einverstanden.

»Jetzt teilen wir noch die Münzen unter uns auf«, schlug der jüngste Bruder vor.

»Von den Goldmünzen bekommen auch unsere drei Schwestern ihren Teil«, erinnerte der älteste Bruder die anderen.

Sie riefen die drei Schwestern und die Mutter zu sich. Anderthalb Ellen von der Feuerstelle entfernt grub der Älteste mit der Feuerzange nach dem Beutel. Die Goldmünzen klimperten, als er den Beutel auf dem Teppich ausleerte.

Er legte zehn Goldstücke um den Rand der Feuerstelle. »Ich werde zehn Häufchen machen«, sagte er. Dann nahm er eine Handvoll Münzen und verteilte sie. Die Häufchen wuchsen, während die Münzen auf dem Teppich allmählich weniger wurden. Siebzigmal umkreiste er die Feuerstelle, bis die Münzen verteilt waren.

»Jeder von uns bekommt siebzig Goldmünzen«, sprach er.

»Wir haben die Mutter vergessen!«, wandte einer der Brüder ein.

»Nein«, widersprach der Älteste. »Alle Zelte sind für die Mutter offen. Der ganze Reichtum wird ihr zugute kommen.«

»Auf meine alten Tage brauche ich weder Kamele noch Münzen«, schaltete sich die Mutter ein. »Ich vermisse euren Vater!« Sie hielt kurz inne. »Wenn ihr mit dem Erbe des Vaters geschickt umgeht, werdet ihr nie Not leiden.« Und an ihre Töchter gewandt sagte sie: »Aus den Goldmünzen könnt ihr euch Ketten machen. Sie gehören allein euch. Kein Ehemann kann sie euch streitig machen. Das Gold tragt ihr bei den Festen, und in der Not könnt ihr immer darauf zurückgreifen.« Und mit ihrer Hand schüttete die Mutter die kleine Grube neben der Feuerstelle wieder zu.

Jeder der Erben nahm seine Kamele und sein Häufchen Goldmünzen und kehrte in sein Zelt zurück. Die Söhne machten sich Gedanken, was sie mit dem Erbe anfangen konnten. Manche versteckten ihre Münzen im Zeltwinkel, andere tauschten die Münzen gegen Kamele ein und vergrößerten so ihre Herden.

Hamid, der Jüngste, hatte einen anderen Plan. Zwar war er verheiratet, und seine Frau gebar ihm auch Kinder, doch wollte er noch mehr Söhne haben. Er besprach sich mit seiner Frau. Erst nach langem Hin und Her willigte sie ein, dass Hamid eine zweite Frau aus der Sippe heiraten durfte. Eine Braut war bald gefunden.

Hamid gab dem Vater der Braut sieben Kamele und dreißig Goldmünzen als Brautgabe. Den Rest seiner Münzen verwendete er für das große Hochzeitsfest, und eines der Kamele schlachtete er für das Festessen. So blieben Hamid vom väterlichen Erbe noch neun Kamele.

Die neue Ehe wurde geschlossen, und die beiden Frauen kamen gut miteinander aus. Die zweite Frau gebar viele Kinder, doch Hamids Wunsch nach Söhnen ging nicht in Erfüllung, die Frau gebar ihm nur Töchter. Als die Frau zum siebten Mal schwanger war, schöpfte Hamid Hoffnung. In der Nacht hatte er geträumt, dass ein junger Reiter auf sein Zelt zukam.

Die Zeit der Schwangerschaft verging wie im Flug, und Hamid und seine Frau warteten neugierig auf den Reiter. Als die Stunde der Geburt kam, umringten die Frauen die Gebärende. Die Hebamme musste die Gafferinnen immer wieder verscheuchen.

Diesmal erfüllte sich Hamids Wunsch: Die Hebamme verkündete die Geburt eines Sohnes. Der stolze Vater befestigte eine weiße Fahne auf dem Zeltdach und begab sich in das Männerzelt, um die Glückwünsche entgegenzunehmen.

Die weiße Fahne wehte im Herbstwind, als plötzlich ein Rabe auftauchte und über Hamids Zelt kreiste. Ein lautes Krächzen erschreckte die Frauen. Als die Hebamme aus dem Zelt trat und nach einem Stein griff, ließ der Rabe seinen Kot fallen. Die Hebamme blieb wie angewurzelt stehen, als sie bemerkte, dass er die Fahne getroffen hatte. »Ein schlechtes Omen!«, murmelte sie. »Der Rabe hat nicht nur gekrächzt, er hat auch die weiße Fahne beschmutzt!«

Eine alte Frau war fassungslos: »So etwas habe ich in meinem langen Leben nicht gesehen«, sagte sie und flehte zu dem Stammesahn: »Wenn du das Unglück nicht abwenden kannst, so mindere es wenigstens!«

Der Vater gab dem Neugeborenen den Namen Hussein. Doch die Bewohner des Zeltlagers riefen ihn Hussein der Unglücksrabe. Mit den Jahren, als er größer wurde, ärgerte sich Hussein über den Spitznamen, doch er konnte nichts dagegen ausrichten.

Als Hussein im heiratsfähigen Alter war, zeigten die Mädchen des Stammes wenig Interesse an ihm, und ihre Väter sagten: »Einem Unglücksraben werde ich meine Tochter nicht geben! Wer weiß, was ihm noch zustoßen wird!«

Nach langer Suche fand Hamid für seinen Sohn eine Braut aus einem fernen Stamm. Die Geschichte vom Unglücksraben war nicht bis zu diesem Stamm gedrungen. Sie kannten nur Adnan, Husseins Großvater, der ein allseits geschätzter Mann gewesen war.

Um jedem Unglück vorzubeugen, verzichtete Hamid darauf, für Hussein ein Hochzeitsfest auszurichten. Der Sippe der Braut erklärte er, in seinem Zeltlager habe es einen Todesfall gegeben, deshalb müssten alle Feste ausfallen. Die Familie der Braut zeigte Verständnis. So heiratete Hussein und bewohnte mit seiner Frau ein eigenes Zelt.

Einen Monat nach der Vermählung wandte sich Hussein an seinen Vater: »Ich bin jetzt ein verheirateter Mann, ich möchte Handel treiben.«

Der Vater war erfreut. »Ich freue mich über deine Entscheidung. Dein Großvater hat mit Handel viele Goldmünzen verdient.« Der Vater gab Hussein das beste Kamel und drückte ihm einige Münzen in die Hand. »Damit kannst du Waren einkaufen.«

Der Sohn kaufte mit den Münzen Teppiche und begab sich auf den großen Bazar.

»Teppiche! Bunte Teppiche!«, rief Hussein aus Leibeskräften. Doch die Marktbesucher schienen ihn zu überhören. Nur eine Frau blieb stehen, warf einen Blick auf die Teppiche und ging weiter. Als die Sonne über dem Minarett der Moschee stand, hatte Hussein noch keinen einzigen Teppich verkauft.

»Heute steht das Glück nicht auf meiner Seite«, tröstete er sich. »Aber noch ist nicht aller Tage Abend.« Hussein lud die Teppiche auf sein Kamel und ritt in das Zeltlager zurück. Als seine Frau das voll beladene Kamel erblickte, fragte sie: »Warst du nicht auf dem Markt?«

»Doch! Aber die Marktbesucher hatten heute keine Augen für schöne Teppiche«, schimpfte er.

»Vielleicht bringt der nächste Markttag Glück«, tröstete ihn die Frau.

Hussein nickte und setzte sich an das Feuer. Gierig verschlang er ein Fladenbrot nach dem anderen. Hamid, der Vater, erkundigte sich nach den Geschäften. Als Hussein von seinem ersten Markttag erzählte, beruhigte ihn der Vater: »Händler müssen Geduld haben. Manchmal erzielt man Gewinne, manchmal bleiben die Gewinne aus.«

Hussein beschloss, eine Woche später einen anderen

Markt aufzusuchen, der weiter entfernt lag. Dort gibt es mehr Marktbesucher, dachte der junge Händler bei sich.

Am Vorabend fütterte Hussein sein Reittier mit einem Korb voll Gerste, füllte seinen Wassersack und suchte sich einen Vorrat von Datteln.

In dieser Nacht legte sich Hussein zu seiner Frau. »Was wünschst du dir vom Bazar?«, fragte er.

»Ein rotes Kleid«, entgegnete die Frau.

Schon bevor der Morgenhahn krähte, belud Hussein sein Kamel und ritt los. Das Kamel, ein junges, kräftiges Tier, kam schnell voran. Und so erreichte Hussein als einer der Ersten den Markt. Er suchte sich eine geeignete Stelle im Herzen des Marktes und breitete dort seine Waren aus. Während er Datteln kaute, um sich zu stärken, füllte sich langsam der Platz. Händler und Besucher strömten herbei.

Gegenüber von Hussein hatte sich ebenfalls ein Teppichhändler niedergelassen. Während dieser alle Hände voll zu tun hatte, blieb Hussein auf seinen Teppichen sitzen.

Erst als sich gegen Mittag der Markt zu leeren begann, kam ein Kunde zu ihm und kaufte einen kleinen Teppich. Als Hussein die erste Münze in seinen Beutel gleiten ließ, schöpfte er Hoffnung: »Das Geschäft hat angefangen!«

Der Kunde bot Hussein geröstete Mandeln an. »Woher kommst du?«, erkundigte er sich.

»Ich komme vom Stamm der Tyaha«, antwortete Hussein.

»Du hast einen langen Weg hinter dir«, wunderte sich der Mann.

»Mein Kamel ist edel und kann schnell laufen«, erwiderte Hussein.

»Treibst du schon lange Handel?«

»Es ist mein zweiter Marktbesuch. Der erste Markt, auf dem ich war, hat mir wenig Glück gebracht«, erzählte Hussein und fuhr fort: »Mit dem heute eingenommenen Geld werde ich ein Kleid für meine Frau kaufen.«

»Sie wird sich bestimmt freuen«, bemerkte der Käufer und verabschiedete sich.

Hussein lud seine Teppiche auf das Kamel und zog zu dem Stoffhändler. Mit den Münzen kaufte er ein rotes Kleid und verstaute es zwischen den Teppichen. Während Hussein mit seinem Einkauf beschäftigt war, hatte er nicht bemerkt, dass der Mann, der den Teppich gekauft hatte, ihn beobachtete. Und als Hussein schließlich die Rückreise antrat, folgte ihm der Mann in gemessenem Abstand.

Hussein hatte die Hälfte der Strecke zurückgelegt, als ihn eine bleierne Müdigkeit überkam. »Im Schatten dieses Feigenbaums will ich mich ein wenig ausruhen«, sprach er zu sich. Er band sein Kamel am Feigenbaum fest, legte sich in den Schatten, und es dauerte nicht lange, bis ihn der Schlaf überfiel.

Während Hussein tief und fest schlief, näherte sich der Mann. Auf leisen Sohlen schlich er sich heran, durchtrennte mit seinem Dolch das Seil und zog das Kamel samt seiner Ladung mit sich fort.

Derweil schlummerte Hussein weiter. Er entspannte sich vom anstrengenden Markttag und begann zu träumen. Im Traum erschien ihm der Großvater auf einer edlen Stute. Er ritt geradewegs auf Husseins Zelt zu. Vor dem Zelteingang zügelte der Großvater das Reittier, griff in die Satteltasche und warf Goldmünzen in das Zelt. Hussein, der seinen Großvater nicht mehr kennengelernt hatte, war verwirrt. Vor lauter Aufregung wusste er nicht, ob er sich nach den Münzen bücken oder den Großvater betrachten sollte. Wenige Augenblicke später war das Traumbild verschwunden. Vergeblich rief er den Großvater.

Schlaftrunken rieb sich Hussein die Augen. Ich muss lange geschlafen haben, dachte er bei sich, als er eine frische Brise spürte. Er setzte sich auf und drehte sich nach seinem Kamel um, doch das Tier war nicht zu sehen. Noch einmal rieb er sich die Augen. Als er das Seilende erblickte, sprang er hoch. »Das verfluchte Kamel hat sich losgerissen!«, schimpfte er. »Mit diesem Stock werde ich es zähmen! Weit kann es nicht gekommen sein.«

Hussein schaute sich nach allen Himmelsrichtungen um, doch er konnte das Kamel nirgends entdecken. Als er das Seilende näher betrachtete, fiel ihm auf, dass es nicht gerissen war. Irgendjemand musste es mit einem Messer durchtrennt haben. »Ein Dieb!«, kam es Hussein in den Sinn. Er suchte nach Spuren im Sand und fand tatsächlich neben den Hufspuren Fußabdrücke. »Ich werde dir die Knochen brechen!«, tobte er und fuchtelte mit seinem Stock.

Der Bestohlene folgte drei Steinwürfe weit den Spuren, dann hörten die Fußabdrücke auf. »Hier hat der Dieb das Kamel bestiegen«, stellte er fest. »Er ist auch noch zu faul zum Laufen!«

Mittlerweile stand die rote Abendsonne nur noch zur Hälfte über dem Horizont, und Hussein beschloss, für diesen Tag die Suche einzustellen.

»Du wirst mir nicht entkommen«, schwor er. »Morgen werde ich dir auf den Fersen sein. Der Tag hat Augen.«

Er machte sich eilig auf den Weg und suchte das nächstgelegene Zeltlager auf, um dort die Nacht zu verbringen.

Man empfing den Gast freundlich und geleitete ihn ins Männerzelt. Nach der Bewirtung saßen die Männer auf den Teppichen und tranken Kaffee.

»Du hast eine weite Reise hinter dir«, sagte der Gastgeber, als er Hussein ein Kaffeeschälchen reichte. Hussein nickte und erzählte der Runde, was ihm widerfahren war. Voller Mitgefühl hörten sich die Männer die Geschichte an.

»Unser Stamm hat einen berühmten Spurensucher«,

beruhigte der Scheich den Gast. »Er hat schon manchem Dieb das Handwerk gelegt. Morgen wird er den Dieb deines Kamels aufspüren.«

Hussein schöpfte Hoffnung. »Ich weiß eure Hilfe zu schätzen«, bedankte er sich.

Nach und nach verließen die Männer das Zelt. Der Scheich, der sich als Letzter zurückzog, wünschte dem Gast eine angenehme Nachtruhe. Hussein, der von dem langen und anstrengenden Tag müde war, streckte sich auf dem Teppich aus und deckte sich mit seinem Umhang zu. In Gedanken war er bei seiner Frau, die wohl voll Ungeduld auf ihn warten würde. Nach geraumer Zeit überwältigte ihn der Schlaf.

Er erwachte erst, als das Zelt über ihm zu tanzen begann und Sandkörner seine Nase kitzelten. Laute Schreie und Rufe ließen ihn hochschrecken, Kinder weinten, Hunde bellten, das ganze Zeltlager war auf den Beinen. Als er sich erheben wollte, fegte eine Sturmbö das Zelt hinweg. Es war so finster, dass er seine eigene Hand kaum sehen konnte. Er kauerte sich unter seinen Umhang und wartete ab. Der Sandsturm war kurz und heftig, dann legte er sich.

»So einen starken Sturm habe ich seit Langem nicht erlebt«, sagte der Scheich, als er auf Hussein zukam. »Zum ersten Mal hat ein Sturm das Gastzelt weggefegt.« Und er fügte hinzu: »Ich bin froh, dass keine Zeltstange meinen Gast getroffen hat.«

Am nächsten Morgen begleitete der Spurensucher

Hussein zu dem Feigenbaum. »Hier ist das Seilende«, wies Hussein mit dem Finger auf den Stamm.

Der Spurensucher schaute sich in der Gegend um, doch weit und breit waren keine Abdrücke zu finden. »Du bist ein Pechvogel!«, sagte er. »Auch hier hat der Sturm gewütet und alle Spuren verweht, und ohne Spuren ist ein Spurensucher wie ein Taubstummer auf dem Hochzeitsfest.«

Unverrichteter Dinge mussten die beiden umkehren. Hussein verabschiedete sich von dem Spurensucher und machte sich auf den Weg zu seinem Zeltlager. Noch vor Anbruch der großen Mittagshitze erblickte er die ersten Zelte. Husseins Frau, die in Sorge war um ihren Mann, saß vor dem Zelteingang und hielt Ausschau. Als sie Hussein erspähte, war sie nicht wenig erstaunt. Diesmal stand das Glück auf seiner Seite!, dachte sie, als sie ihn herbeihumpeln sah. Er hat die Teppiche und dazu noch das Kamel verkauft! Sie winkte ihm mit ihrem Schleier zu, doch Hussein reagierte nicht. »Wo warst du so lange?«, bestürmte sie ihn, als er eintraf.

Hussein griff, ohne ein Wort zu sagen, nach dem Wassersack und goss das kostbare Nass in hohem Bogen in seinen Schlund.

»Wie waren die Geschäfte?«, erkundigte sich die Frau erwartungsvoll.

»Geschäfte?« Hussein schilderte seiner Frau ausführlich das Missgeschick, das ihm widerfahren war.

»Wenigstens bist du heil zurückgekehrt«, suchte ihn die Frau zu trösten. »Ich bin froh, dass der Dieb dich nicht verletzt hat.«

Die Geschichte von Husseins Handelsreise wanderte in Windeseile von Zelt zu Zelt.

Hamid begab sich unverzüglich zu seinem Sohn. »Hussein, deine Geschäfte kommen uns teuer zu stehen. Verkaufe die Satteltaschen und höre auf, Handel zu treiben«, riet ihm der Vater.

Nach diesem Missgeschick blieb Hussein in seinem Zelt und wollte keine Arbeit mehr aufnehmen. Er hockte den ganzen Tag an der Feuerstelle, und seine Frau versorgte ihn mit Essen. Erst war sie froh gewesen, dass ihm auf diese Weise kein weiteres Unglück zustoßen konnte, doch mit der Zeit machte sie sich Gedanken.

»Alle Männer arbeiten, nur du sitzt im Zelt!«, sagte sie. »Unser Mehlvorrat ist zu Ende. Ich muss die Schwiegermutter um Mehl bitten.«

Hussein, der mit der Feuerzange die Kamelbällchen auftürmte, schaute hoch: »Ich bin für den Handel geboren. Ich werde keine andere Tätigkeit ausüben.«

»Handel? Wir hatten bisher nichts als Schaden davon.«

»Vielleicht sollte ich kleiner anfangen?«, dachte Hussein laut nach. »Die Sache mit dem Teppichhandel war eine Nummer zu groß.«

»Dein Vater gibt dir keine Münzen mehr«, bemerkte die Frau.

»Du könntest mir Münzen borgen.«

Die Frau war empört. »Meine Halskette wird nicht verkauft. Sie ist Teil meiner Brautgabe!«

»Dann beenden wir das Thema«, sagte Hussein barsch und widmete sich wieder den Kamelbällchen.

In der Nacht lag die Frau lange wach und überlegte hin und her. Wenn ich meinem Mann nicht beistehe, dachte sie, was soll dann aus uns werden? Er soll einen Versuch wagen.

Am nächsten Morgen nach dem Frühstückskaffee fädelte die Frau drei Goldmünzen aus ihrer Halskette und überreichte sie ihrem Mann. »Mit diesen Münzen kannst du dein Glück versuchen.«

Hussein strahlte wie die Morgensonne und drückte seine Frau an die Brust: »Eines Tages wirst du sieben Münzen zurückbekommen!« Er sattelte seinen alten Esel und machte sich auf zu dem Bauernmarkt, der einen halben Tagesritt entfernt lag. Hussein war entschlossen, Gurkenhandel zu betreiben.

Er kaufte einen Stand nach dem anderen leer, bis der Esel die Ladung kaum noch tragen konnte. Vergeblich suchten Gemüsehändler, ihm ihre Tomaten schmackhaft zu machen. Hussein blieb standhaft.

Als er mit seinem schwer bepackten Esel das Stammeslager erreichte, umringten ihn die Kinder. »Was hast du in den Säcken?«, fragten sie neugierig.

»Gurken«, erwiderte Hussein.

»Gurken?« Die Kinder lachten. »Warum keine Süßigkeiten?«

»Gurken sind viel gesünder«, sagte Hussein und trieb seinen Esel mit dem Stock an.

»Wie viel kostet eine Gurke?«, wollte ein kleiner Stöpsel, der dem Esel gerade bis zum Bauch reichte, wissen.

»Eine kleine Gurke kostet ein Ei, eine mittlere zwei Eier, und eine große Gurke kostet drei Eier.«

»Meine Mutter hat keine Eier«, sagte der Kleine.

Hussein zuckte mit den Schultern.

Mittlerweile war er vor seinem Zelt angelangt. Die Frau empfing ihn. »Was hast du in den Säcken?«

»Gurken!«

Die Frau wunderte sich. »Gurken?«

»Ja, Gurken«, erwiderte Hussein. »Ich bin ab heute Gurkenverkäufer. Kehre einen Zeltwinkel, damit ich dort meinen Laden eröffnen kann!«

Während Hussein die Säcke ablud, stiegen die ersten Staubwolken aus dem Zelt. In der gekehrten Zeltecke leerte er seine Säcke aus und begann, die Gurken zu sortieren. In die Mitte häufte er die großen Gurken, rechts die kleinen und links die mittleren. So war er sicher, die Gurken nicht zu verwechseln.

Husseins Frau lehnte ihren Rücken gegen die mittlere Zeltstange und betrachtete ihren Mann beim Sortieren. »Gurken sind gesund«, nahm Hussein das Gespräch auf. »Man kann leckeren Gurkensalat machen oder die

Gurken auch einlegen, dann hat man das ganze Jahr seine Freude!«

»Wenigstens musst du keine langen Handelsreisen unternehmen«, tröstete sich die Frau.

»Ich werde die Gurken gegen Eier eintauschen«, sagte Hussein.

»Eier? So viele Eier können wir niemals essen«, wandte die Frau ein.

»Wir lassen die Eier bebrüten«, erklärte Hussein seinen Plan. »Wenn diese Gurken verkauft sind, haben wir einen Berg von Eiern, und in Kürze werden wir so viele Hühner haben, wie der Berg Steine hat! Die Hühner verkaufe ich auf dem Markt gegen Münzen.«

»Mögen deine Worte den Himmel erreichen!«, wünschte die Frau.

Die Kinder hatten in den Zelten von dem neu eröffneten Laden erzählt, und bald strömten die Neugierigen zu Husseins Zelt. Einige standen im Zelteingang und betrachteten die Ware, andere lugten durch die Zeltlöcher.

Hussein empfing die Kunden: »Gurken, frisch geerntet! Kauft Gurken!«

Doch der Verkauf kam nur stockend in Gang. Stattdessen füllte sich das Zelt mit Gaffern.

»Die Gurken sind zu teuer«, schimpfte einer.

»Warum hast du keine Tomaten?«, wollte ein anderer wissen.

Und ein Dritter wandte ein: »Wir haben keine Eier übrig.«

Als Hussein am späten Abend die Eier neben den Gurken aufhäufte, zählte er einundzwanzig Stück. »Nicht schlecht für den ersten Tag«, bemerkte die Frau und schob ihrem Mann eine Schüssel Suppe zu. Am nächsten Tag war es merklich ruhiger in Husseins Zelt. Die Gaffer hatten schon am Vortag ihre Neugier befriedigt, und die Kunden machten sich rar.

Als gegen Mittag erst eine Gurke verkauft war und die übrigen von der Sommerhitze erste Runzeln zeigten, sagte die Frau: »Willst du deine Ware nicht im benachbarten Zeltlager anbieten?«

»Ein kluger Vorschlag«, lobte Hussein.

Er lud die Hälfte der Gurken auf seinen Esel. Als er gerade aufbrechen wollte, bat ihn die Frau: »Bitte fang mir das Huhn, es soll inzwischen die Eier bebrüten.« Hussein verfolgte das Huhn drei Runden im Zelt, dann hatte er es gefangen. Er band um das Bein des Huhns einen Strick und befestigte das andere Ende an der Zeltstange. »So kann es nicht mehr entwischen«, stellte er befriedigt fest.

Das Huhn setzte sich mit ausgebreiteten Flügeln auf die Eier. Während es die Eier bebrütete und Hussein auf dem Weg in das benachbarte Zeltlager war, packte die Frau ein paar Gurken in ihren Korb und machte sich auf, ihre kranke Mutter zu besuchen.

Erst am späten Nachmittag kehrte die Frau in ihr Zelt zurück. Als sie den Zelteingang öffnete und nach dem Huhn schaute, stockte ihr der Atem. Das Huhn saß nicht mehr auf den Eiern, sondern thronte auf den Gurken. »Weg mit dir!«, schrie die Frau und scheuchte das Tier mit dem Besenstiel auf.

Als sie die Gurken näher betrachtete, sah sie die Bescherung: Das Huhn hatte die Gurken angepickt. »Hätte ich doch das Zelt nicht verlassen!«, jammerte die Frau. »Was sollen wir bloß tun?«

Sie wartete an der Feuerstelle auf ihren Mann.

Als Hussein kurze Zeit später mit seinem Esel eintraf, empfing ihn seine Frau nicht wie üblich vor dem Zelt. »Wo steckst du?«, rief er. »Hilf mir beim Abladen.«

Die Frau trat vor das Zelt.

»Die Zeit für Gurken ist nicht günstig. Ich habe nur eine große Gurke verkauft«, erzählte Hussein. »Die drei Eier habe ich unterwegs verzehrt. Kamen heute Kunden in das Zelt?«

Nach kurzem Zögern erzählte ihm die Frau, was sich zugetragen hatte.

Hussein bekam einen dicken Hals und wurde puterrot. »Die Gurken in meinen Säcken faulen, und die Gurken im Zelt sind durchlöchert!« Wutentbrannt rannte er ins Zelt und fuchtelte mit seinem Stock. »Du blödes Huhn!«, schrie er. Während sein Stock niedersauste, hatte sich das Huhn losgerissen, und Husseins Stockhieb traf die Eier. Wie von Sinnen packte Hussein die Gurken und rannte vor das Zelt. »Hier, friss!«, hörte ihn die Frau schreien und sah, wie er dem alten Esel eine Gurke nach der anderen ins Maul schob.

So endete das Geschäft mit den Gurken, und Hussein schwor bei allen Heiligen, nie wieder Handel zu treiben. Seit sich Hussein vom Handel verabschiedet hatte, ging er seinem Vater zur Hand. Er schöpfte Wasser für die Herden und half ihm bei der Feldarbeit. Langsam kehrte wieder Ruhe ein in Husseins Zelt.

Es war kurz nach der Getreideernte. Auf dem Dreschplatz türmte sich das Korn und schimmerte golden in der Sonne. Von früh bis spät siebten Frauen die Weizenkörner, um Strohreste und Steinchen zu entfernen. Als die Arbeit beendet war, konnte die lange Kamel- und Eselkarawane, beladen mit prallen Säcken, endlich zur Mühle aufbrechen. Hamid, der Gäste zu bewirten hatte, schickte seinen Sohn Hussein mit auf die Reise.

Als die Karawane die Mühle unweit des Bauerndorfes erreicht hatte, war Hussein an der Spitze. Als Erster reihte er sich in die Schlange der Wartenden ein. Es herrschte reger Andrang, denn auch die Bauern hatten viele Getreideladungen zu mahlen. Es war die Zeit, in der die Mühle sich Tag und Nacht drehte.

Der Müller gab mit seiner Hand Anweisungen, wo sich jede Karawane anstellen sollte. Er war angesichts der vielen Arbeit gereizt, doch konnte er eine gewisse Freude über die guten Geschäfte nicht verbergen. Als endlich nach langem Warten die Beduinen an die Reihe kamen, stand Hussein mit den gefüllten Säcken bereit. Der Müller half ihm, den ersten schweren Sack in die

Mühle zu kippen. Der Mahlstein drehte sich, und auf den ersten Sack folgte der zweite. Der Müller griff in das Mehl: »Weit und breit gibt es keine Mühle, die das Korn so fein mahlt«, prahlte er.

Hussein nickte. Kaum hatte er den dritten Sack geleert, als ein Donnerhall die Mühle erschütterte. Kamele und Esel rissen sich los, Getreidesäcke fielen zu Boden und platzten. Eine Wolke von Mehlstaub umhüllte die Mühle. Hussein kroch, von Kopf bis Fuß mit Mehlstaub bedeckt, aus der Mühle und begann zu husten und zu niesen.

»Meine Mühle! Meine Mühle!«, jammerte der Müller, Tränen rollten über sein Gesicht. »Welch ein Unglück!« Die Mühlenbesucher waren bleich, ihre Gesichter lang. »Einen halben Tagesritt haben wir hinter uns, und nun ist alles umsonst«, zeterte ein alter Beduine, als er sich den Mehlstaub aus seinem Gewand klopfte. »Dieser Unglücksrabe bringt es fertig, dass eine Mühle, die seit Generationen läuft, zusammenkracht.«

»Wirst du wohl still sein!«, fauchte ihn der Karawanenführer an. »Haben wir nicht schon genug Schaden?« Er nahm den Alten beiseite. »Wenn der Müller von diesem Unglücksraben erfährt, lässt er keinen Beduinen mehr Korn mahlen.« Der Karawanenführer mahnte seine Stammesgenossen zur Eile: »Es hat keinen Sinn, weiter Zeit zu vergeuden. Wir wollen so schnell wie möglich umkehren.«

Die Karawane wurde im Stammeslager bereits ungeduldig erwartet, denn die Frauen wollten frisches Fladenbrot backen. Doch wie groß war die Enttäuschung, als der Karawanenführer verkündete: »Wer Brot backen will, muss das Korn von Hand mahlen.«

Im Scheichzelt erzählte er, wie die Mühle bei Husseins drittem Getreidesack krachend zusammengebrochen war.

»Ihr wisst doch, dass Hussein ein Unglücksrabe ist. Warum habt ihr ihn als Ersten sein Korn mahlen lassen?«, beschwerte sich der Scheich, der Gäste zu bewirten hatte. Die Männer zuckten die Schultern.

Nach diesem Unglück beschloss Hussein, bei einem berühmten Derwisch Heilung zu suchen. Der Derwisch hörte sich die Schilderungen an, dann winkte er ab: »Aus einem Unglücksraben einen Glücksbringer machen zu wollen ist, wie wenn man versuchen wollte, aus Rabenfedern Schwanenfedern zu machen. Ich kann viele Krankheiten heilen«, fuhr der Alte fort, »doch gegen dieses Leiden bin ich machtlos.«

Und so blieb Hussein bis zum Ende seiner Tage, was er immer gewesen war: ein Unglücksrabe!

Amira hatte den Geschichten der drei Heiratsbewerber aufmerksam gelauscht. Einige Nächte lang wälzte sie die Geschichten in ihrem Kopf hin und her. Die Gestalten der drei Erzähler erschienen vor ihren Augen, ihre Stimmen klangen in ihrem Ohr nach, und sie rief sich ihre Gestik und ihre Mimik in Erinnerung.

Eines Morgens sagte sie zu ihrer Großmutter: »Die drei Heiratsbewerber haben ihre Geschichten vorgetragen.«

»Hast du deine Wahl getroffen?«, fragte die Großmutter und schob sich ein Kissen unter ihren Kopf. Amira zögerte.

Die Großmutter ließ nicht locker. »Wie viele Perlen sind übrig geblieben?«

»Alle drei!«, erwiderte Amira. »Alle drei Geschichten haben mir gefallen. Ich bin genauso unschlüssig wie zuvor.«

Die Alte richtete sich auf. »Erzähl mir heute Abend die Geschichten. Vielleicht kann ich dir weiterhelfen.«

Am Abend schob die Großmutter Kamelbällchen in die Glut und fachte Feuer an. Sie kochte eine Kanne Minzetee, dessen Duft bald das Zelt erfüllte.

»Es wird eine lange Nacht werden«, bemerkte sie.

Amira trank eine Schale Tee, dann begann sie zu erzählen. Immer, wenn sie eine Geschichte beendet hatte, schenkte ihr die Großmutter Tee nach.

Als der Morgenhahn krähte, hatte Amira die letzte Geschichte gerade beendet. Sie spürte, wie sie mit den Erzählungen die Großmutter in ihren Bann gezogen hatte.

»Deine Geschichten haben mir die lange Nacht verkürzt«, sagte die Alte. »Doch nun lass uns ein wenig ausruhen.«

Drei Tage lang dachte die Großmutter nach. Dann

wandte sie sich an ihre Enkeltochter. »Alle drei Geschichten haben mir Freude bereitet. Ich fühlte mich gut unterhalten.«

»Siehst du, Großmutter«, frohlockte Amira. »Ich hatte doch recht.«

»Mein Augenschein«, ließ sich die Großmutter vernehmen. »Die Gabe eines Erzählers lässt sich nicht anhand einer Geschichte beurteilen.«

»Wie meinst du das?«, wollte Amira wissen.

»Talal, Khalil und Nabil bekommen drei Vollmonde Zeit, um dir erneut Geschichten zu erzählen.«

Amira fand Gefallen an dem Vorschlag. »Du bist selten um einen Rat verlegen!«, lachte sie.

Und so wartete Amira voll Neugier und Spannung auf die nächsten Geschichten.

Die Feuerprobe

Salim Alafenischs Stamm in der Negev-Wüste wird von einer Nachbarsippe des Mordes verdächtigt. Als alle Vermittlungsbemühungen scheitern, willigt der Vater, der Scheich des Stammes, in die radikalste Wahrheitsprobe ein, die das uralte Recht der Beduinen kennt: die Feuerprobe.

Die acht Frauen des Großvaters

Wenn das Tagewerk vollbracht ist, ruft die Mutter ihre Kinder ums Feuer und erzählt ihnen Geschichten vom Großvater, dem mächtigen Scheich. Acht Nächte lang erzählt sie von seinen acht Frauen, von Glück und Sorge, von Streit und Versöhnung und vom vielfältigen Beziehungsgeflecht des alten Stammeslebens.

Das Kamel mit dem Nasenring

In einer stürmisch-rauen Winternacht hält der Stammesälteste die Zeltbewohner mit einer Geschichte wach. Sie ist länger als ein Kamelhals, denn es ist die Geschichte dieses Beduinenstamms, der in unserem Jahrhundert Umwälzungen erlebt hat, wie noch keine Generation zuvor.

Der Weihrauchhändler

Salem lernt die schöne Soraya bei der Getreideernte kennen. Sie tauschen Blicke, Botschaften und Geschenke und treffen sich heimlich am Brunnen. Doch nach der Ernte kommt der Abschied.

Das versteinerte Zelt

Der alte Beduine Musa wurde er in der Zeit der Kamele geboren, in der Zeit der Zelte wuchs er auf, und nun soll er den Rest seiner Tage in der Zeit der Steine verbringen: Sein Stamm will die schwarzen Zelte aus Ziegenhaar gegen Steinhäuser eintauschen.